Cuentos nórdicos

Descubriendo a los dioses, diosas y gigantes de los Vikingos: Odín, Loki, Thor, Freya y más (Libro para jóvenes lectores y estudiantes)

Por Student Press Books

Índice de contenidos

Índice de contenidos 2

Introducción 4

Tu regalo 5

Mitología nórdica 6

   Audhumia 6

   Buri 8

   Bor 9

   Valquirias 10

   Brynhild 13

   Asgard 16

   Valhalla 18

   Norns 21

   Hel 23

   Ragnarok 25

Aesir 30

   Balder 33

   Bragi 36

   Forseti 37

   Heimdall 39

   Hel 42

   Hermod 45

   Hod 48

   Hoenir 50

   Loki 52

Odin *58*

Sol y Mani *64*

Sigi *66*

Thor *67*

    Mjolnir *72*

Tyr *74*

Ull *77*

Vali *79*

Vili & Ve *80*

Vidar *82*

Asynjur **84**

  Frigg *86*

  Gerd *89*

  Idunn *91*

  Nanna *94*

  Sif *96*

  Sigyn *98*

Vanir **100**

  Frey *103*

  Freya *106*

  Njord *109*

Tu regalo **112**

Libros **113**

Conclusión **119**

Introducción

Aprende sobre los antiguos cuentos nórdicos y los dioses nórdicos - Mitología para mayores de 12 años.

Bienvenido a la serie Mitología cautivadora. Este libro te presenta a **los dioses, diosas y gigantes de los vikingos.** Presenta los perfiles de Odín, Thor, Loki, Baldur, Frigg, Freya, Freyr y muchos más.

Acompaña a Thor en muchas aventuras y aprende sobre los cuervos de Odín, la atadura de Loki y Freyja volando desde Asgard hacia Midgard, saludando a las mujeres que encuentra en el camino. Con imágenes cautivadoras, complementadas con textos informativos y datos sobre la mitología nórdica, te divertirás mucho leyendo este libro de Cuentos nórdicos antiguos.

El Libro de los Cuentos Nórdicos Antiguos es el libro perfecto para cualquier persona interesada en conocer la historia de la cultura nórdica: Está repleto de detalles sobre las versiones clásicas de Odín, Thor, Loki y muchos más. Pero si no eres un erudito (ni un vikingo), ¡No te preocupes! El lenguaje de este antiguo texto ha sido traducido para que puedas entender los importantes mensajes que se encuentran en sus páginas.

No sólo Thor está acribillando a sus enemigos con un martillo destructor de armas. Aquí están todos tus dioses menores favoritos: Bragi, Freya, Forseti, Heimdall y Njord. Si quieres aprender sobre la mitología nórdica, este es tu libro.

Este libro de la serie Mitología cautivadora **abarca:**

- Mitología nórdica: Explora los reinos de los dioses nórdicos: Asgard, Valhalla, Hel y muchos más.
- Fascinantes biografías de los dioses nórdicos: Lee sobre estos dioses y diosas y sus poderes.
- Retratos vívidos: Haz que estos dioses cobren vida en tu imaginación con la ayuda de estimulantes imágenes.

Sobre la serie: La serie Mitología cautivadora de **Student Press Books** presenta nuevas perspectivas sobre los dioses antiguos que inspirarán a los jóvenes lectores a considerar su lugar en la sociedad y a aprender sobre la historia.

Tu regalo

Tienes un libro en tus manos.

No es un libro cualquiera, es un libro de Student Press Books. Escribimos sobre héroes negros, mujeres empoderadas, mitología, filosofía, historia y otros temas interesantes.

Ya que has comprado un libro, queremos que tengas otro gratis.

Todo lo que necesita es una dirección de correo electrónico y la posibilidad de suscribirse a nuestro boletín (lo que significa que puede darse de baja en cualquier momento).

¿A qué espera? Suscríbase hoy mismo y reclame su libro gratuito al instante. Todo lo que tiene que hacer es visitar el siguiente enlace e introducir su dirección de correo electrónico. Se le enviará el enlace para descargar la versión en PDF del libro inmediatamente para que pueda leerlo sin conexión en cualquier momento.

Y no te preocupes: no hay trampas ni cargos ocultos; sólo un regalo a la vieja usanza por parte de Student Press Books.

Visite este enlace ahora mismo y suscríbase para recibir un ejemplar gratuito de uno de nuestros libros.

Link: https://campsite.bio/studentpressbooks

Mitología nórdica

Audhumia

También se escribe Audhambla o Audhumla.
La vaca que creó Buri lamiendo hielo

Una vaca primigenia que surgió del deshielo al principio del universo. Audhumia (nutridora) fue la responsable de la formación del hombre primitivo del que descendieron todos los dioses, y también alimentó al gigante primitivo del que descendieron los gigantes de la escarcha.

Los nórdicos creían que el origen de todo era un enorme abismo llamado Ginnungagap. El extremo norte de esta sima estaba lleno de enormes cantidades de hielo y cal, en un vasto páramo helado llamado Niflheim.

El extremo sur de la sima era una vasta región de fuego llamada Muspelheim. Entre ambos, donde la fría niebla de Niflheim se encontraba con las calientes chispas de Muspelheim, se produjo un deshielo, y las gotas de hielo que se derretían formaron el primer gigante, Ymir (o Aurgelmir, "Marea de Barro").

Tras la creación de Ymir, las gotas formaron otro ser, una enorme vaca. Según la 'Edda Prosa (o Joven)', "Lo siguiente, cuando el limo goteó, fue que surgió de él una vaca llamada Audhumia, y cuatro ríos de leche fluyeron de sus tetas".

Ymir podía alimentarse de la leche que manaba de las ubres de Audhumia. Pero cuando Ymir dormía, empezó a sudar. De debajo de su brazo izquierdo surgieron un hombre y una mujer, mientras que sus pies se aparearon entre sí y produjeron un hijo. De estas criaturas descendió la raza de los jotuns, o gigantes malvados de la escarcha.

Audhumia se alimentaba lamiendo los bloques de hielo, que tenían un sabor salado. En el lugar que lamió, al final del primer día surgió el pelo de un hombre. Siguió lamiendo y al atardecer del segundo día apareció una cabeza.

Al tercer día surgió el hombre completo. Era Buri (también escrito Bure o Bori). Era fuerte, guapo y bueno. Tuvo un hijo llamado Bor, que se casó con una giganta llamada Bestla. Tuvieron tres hijos, Odín, Vili y Ve, que fueron los primeros de la raza de los dioses. Fueron los eternos enemigos de los gigantes de la escarcha, y en la primera batalla entre ellos, los tres hermanos mataron a Ymir; de su cuerpo crearon el mundo, el mar y el cielo.

Preguntas de investigación

---

1) Si los dioses nórdicos son reales, ¿a quién te gustaría invitar a cenar esta noche?
2) ¿Quién sería el mejor dios nórdico para ir de vacaciones?

Buri

También se escribe Bori o Bure.

Dios de los dioses

Buri es el progenitor de los dioses. Fue el padre de Bor y el abuelo del dios principal, Odín.

Según la "Edda prosa (o joven)", Audhumia, una enorme vaca, fue creada al principio de los tiempos. Se alimentaba lamiendo bloques de hielo que le sabían salados. En el lugar que lamió, al final del primer día surgió el pelo de un hombre. Siguió lamiendo y al atardecer del segundo día apareció una cabeza. Al tercer día apareció el hombre completo. Era Buri. Era fuerte, guapo y bueno. Buri tuvo un hijo, Bor, que se casó con una giganta llamada Bestla. Tuvieron tres hijos: Odín, Vili y Ve. Estos fueron los primeros de la raza de dioses.

Preguntas de investigación

---

1) Si tuvieras que ser un dios o una diosa nórdica, ¿a quién elegirías y por qué?
2) ¿Cómo se llega a ser un dios en la mitología nórdica?

Bor

También se escribe Bur.

El hijo de Búri, arquitecto de Asgard

Bor es uno de los seres más antiguos. Bor era hijo de Buri, y fue el padre de los dioses Odín, Vili y Ve.

En la literatura que se conserva se habla poco de Bor. Se casó con Bestla, una hija de los primeros gigantes de la escarcha, y sus tres hijos fueron el comienzo de la raza de dioses conocida como los Aesir, los principales dioses de los vikingos.

En la literatura nórdica, Odín y sus hermanos, que posteriormente crearon a los primeros seres humanos, suelen denominarse hijos de Bor.

Preguntas de investigación

---

1) ¿Qué mitos escandinavos le gustan más?
2) ¿Cuál es el error más común de estos mitos?
3) ¿En qué se diferencian los dioses nórdicos de las deidades griegas?

Valquirias

Hermosas doncellas que eligen a los héroes que han de morir en la batalla y los conducen al Valhalla

Las valquirias son hijas del dios principal Odín, a menudo llamadas las doncellas de Odín, se llamaban las valquirias (nórdico antiguo Valkyrjr, "escogedoras de los muertos"). Por orden de Odín, volaban en sus caballos sobre los campos de batalla para elegir las almas de los muertos heroicos. Llevaban estas almas al Valhalla, la sala de banquetes de Odín en el reino celestial de Asgard.

Allí los guerreros se convertían en miembros de los Einherjar, los compañeros de Odín y su banda de luchadores. Las valquirias también tenían el poder de determinar quiénes serían los vencedores y quiénes los vencidos en esos conflictos. La creencia en la existencia de amazonas mágicas procedentes del cielo estaba muy extendida en las culturas escandinava y germánica, aunque recibían nombres diferentes.

Las valquirias eran representadas como mujeres jóvenes, bellas pero feroces, que vestían espléndidamente con armadura completa y espadas cuando montaban a caballo. También podían transformarse en lobos o cuervos. Los vikingos creían que cuando un valiente guerrero estaba a punto de morir en medio de la batalla, veía de repente la figura de una valquiria, que lo llevaba al cielo y lo transportaba al Valhalla. Para todos los demás en la contienda, ella permanecería invisible. Antes de las batallas, se invocaba el nombre de Odín para que enviara a las valquirias a elegir a los mejores combatientes que morirían.

Los nombres de las valquirias varían en la literatura que se conserva. Entre ellas se encontraban Hrist (Agitador) y Mist (Niebla), que llevaban a Odín su cuerno, Skeggjold (Tiempo de Hachas), Skogul (Furioso), Hild (Guerrera), Thrud (Poder), Hlokk (Chillón), Herfjotur (Hostia), Goll (Gritón), Geirahod (Portador de Lanza), Randgrid (Portador de Escudo), Radgrid, Reginleif, Gunn (Batalla) y Rota. Skuld, la más joven de las nornas, también cabalgaba con las valquirias. La diosa Freya también recorría los campos de batalla en busca de almas valientes, en un carro conducido por dos gatos; de acuerdo con Odín, ella misma tenía derecho a la mitad de los héroes muertos, llevándolos no al Valhalla, sino a su propia sala de banquetes, Sessrumnir.

Cuando no estaban recogiendo almas de los campos de batalla, las valquirias pasaban su tiempo en la enorme sala dorada del Valhalla, lo suficientemente grande como para albergar a todos los guerreros que las valquirias llevaran allí. En el Valhalla, el papel de las valkirias era servir cerveza e hidromiel a Odín y a los Einherjar, que se daban un festín y participaban en sagradas y estridentes peleas por la bebida.

La más famosa de las valquirias fue Brynhild (también conocida como Brünnehild, Brunhild o Brunhilda), que aparece en varios mitos y leyendas. Según la "Saga Volsunga" islandesa, era la líder de las valquirias. Aunque era la favorita de Odín, una vez desobedeció sus órdenes sobre quién debía vivir y quién morir, lo que provocó su ira. La castigó poniéndola en un sueño mágico, rodeada por un anillo de fuego. Sólo un héroe lo suficientemente valiente como para enfrentarse a las llamas tendría el poder de despertarla.

Preguntas de investigación

1) ¿Cuáles son las ventajas o los inconvenientes de estar en el Valhalla?
2) ¿Crees que el Valhalla es una buena idea para la sociedad?

Brynhild

También se escribe Brunhild.

Una guerrera, una de las Valkirias, e hija de Odín

Brynhild es una de las valquirias, hija del dios principal Odín. Según la épica Saga Volsunga, era la favorita de Odín hasta que le desobedeció. La puso a dormir rodeada de un anillo de fuego, que sólo el héroe más valiente podía atravesar. En algunas leyendas nórdicas, la doncella sobrenaturalmente poderosa era hija del rey Buthli y hermana de Atli, rey de los hunos.

En la tradición nórdica, el héroe Sigurd, tras matar al dragón Fafnir, montó en su caballo, Grani, a través de las llamas que rodeaban a Brynhild. Cuando sacó su espada y cortó su cota de malla, Brynhild despertó. Los dos se enamoraron y pasaron tres noches juntos, con la espada de Sigurd entre ellos mientras dormían.

Sigurd entregó a Brynhild el anillo mágico de los nibelungos antes de ir a la corte del rey Giuki, donde le dieron una bebida mágica que le hizo olvidar su compromiso con Brynhild. Con el tiempo se casó con la hija de

Giuki, Gudrun, y luego ayudó al hermano de Gudrun, Gunnar, a conquistar a Brynhild.

Sigurd acompañó a Gunnar de vuelta al anillo de fuego de Brynhild. El caballo de Gunnar se negó a saltar al anillo de fuego. Disfrazado de Gunnar, Sigurd cabalgó entre las llamas sin dudarlo. Engañada pensando que era Gunnar quien había demostrado ser digno de su mano, Brynhild se casó con Gunnar.

Sin saber que su amor Sigurd había recibido una poción para olvidarla, Brynhild se resignó infelizmente a su matrimonio con Gunnar. Pero cuando Brynhild descubrió cómo la habían engañado para que se casara con Gunnar, su humillación y resentimiento se convirtieron en un odio declarado contra Sigurd. En algunas versiones, Brynhild incitó al hermano de Gunnar, Hogni, a matar a Sigurd; en otras, Hogni y Gunnar convencieron a su hermanastro Guttorm para que cometiera el asesinato. Brynhild, en su búsqueda de venganza contra Sigurd, se apuñaló a sí misma y fue quemada en la pira funeraria de Sigurd.

Brynhild se llama Brunhild en la epopeya germánica Cantar de los Nibelungos (Nibelungenlied). La versión germánica destaca su pérdida de habilidades mágicas al someterse a un hombre, sus celos corrosivos contra Krimilda, la esposa de Sigfrido (Sigurd), y su furiosa voluntad de venganza cuando descubre que la habían engañado para casarse con el hombre equivocado.

En el Cantar de los Nibelungos, Krimilda y Brunilda discuten fuera de la iglesia sobre su estatus, ya que a Brunilda le han hecho creer que Sigfrido es un vasallo de Gunther (Gunnar), cuando en realidad es igual a éste. Cuando se da cuenta de cómo ha sido engañada, Brunilda convence a Hagen (Hogni) de que debe matar a Sigfrido.

Cuando Gunther, Hagen y Sigfrido van de caza al Odenwald, Hagen atraviesa con su lanza a Sigfrido cuando éste se inclina para beber en una fuente. En esta versión, Brunilda se muestra exultante ante la noticia de la muerte de Sigfrido y no se suicida en su pira, como en la versión nórdica.

Preguntas de investigación

1. ¿Quiénes son otros guerreros famosos del Valhalla?
2. ¿Cómo se entra en el Valhalla?

Asgard
La morada de los dioses Aesir

Asgard es la morada de los dioses Aesir. Según Snorri Sturluson, autor de la "Edda Prosa (o Joven)", Asgard fue el último lugar creado por los dioses, después de que hicieran la tierra, los mares, el cielo, Jotunheim (Giantlandia), Midgard (Tierra Media, que se convertiría en el hogar de los humanos) y las nubes.

Asgard era una gigantesca fortaleza situada en unos escarpados acantilados que se elevaban desde el centro del mundo. Allí vivían todos los dioses y sus descendientes. Se la consideraba una imponente ciudadela que ascendía desde Midgard, y sus muros eran tan altos que desaparecían entre las nubes. Asgard tenía que ser muy alta para mantenerse a salvo de la invasión de los enemigos de los dioses, los gigantes de la escarcha.

En Asgard estaba el trono del rey de los dioses, Odín. Este trono se llamaba Hlidskjalf, y estaba situado en una hermosa pradera llamada Idavoll. Para rodear el trono se construyó una sala llamada Valaskjalf, hecha de plata brillante. Cuando Odín se sentaba en Hlidskjalf, podía ver el panorama de todo el mundo, el cielo y la tierra, y todo lo que ocurría en todas partes.

También había una magnífica sala, hecha enteramente de oro puro, llamada Gladsheim (Hogar Brillante). En Gladsheim había tronos para Odín y para los doce dioses más altos. Vingolf, la sala de la amistad, era la sala de las diosas. Todos los días, los dioses y las diosas se reunían en Asgard en su sede de juicio en el Pozo de Urd, para reunirse y discutir lo que estaba sucediendo en el mundo y lo que, en su caso, debían hacer al respecto.

El edificio más grande y famoso de Asgard era el Valhalla, la sala de banquetes. Aquí Odín celebraba los banquetes en los que los Aesir y los Einherjar, las almas de los guerreros que habían muerto valientemente en la batalla, comían juntos en comunión y alegría. Valhöll, el término islandés antiguo para Valhalla, significa "sala de los muertos". Había dos barreras importantes en la entrada del Valhalla: Thund, un río rugiente, y Valgrind, una puerta con barrotes.

La sala era tan grande que, según algunos relatos, tenía 540 puertas. Cada una de estas puertas era tan ancha que ejércitos de guerreros podían marchar entre sus portales de a 800. (En otros relatos, el Valhalla tenía hasta 640 puertas, cada una de ellas lo suficientemente ancha como para acomodar a 960 guerreros). Las doncellas de Odín, las Valkirias, recogían las almas de estos valientes guerreros que habían sido fieles a Odín mientras caían en los campos de batalla, y las llevaban al Valhalla. Los hombres muertos podrían reconocer la enorme sala mientras volaban hacia ella por sus vigas hechas de lanzas, y sus tejas hechas de escudos. En el interior, los bancos de las largas mesas del banquete estaban cubiertos de cota de malla.

Para llegar a Asgard, había que atravesar el Bifrost, el puente arco iris que conectaba el reino de los dioses con Midgard, el hogar de los humanos.

Preguntas de investigación

1. ¿Cómo es Asgard?
2. ¿Cuáles son algunos de los trabajos que puedes realizar en Asgard?

Valhalla
La sala de los guerreros caídos

El Valhalla es la sala de banquetes donde el dios principal, Odín, acogía a los Einherjar, las almas de los guerreros que habían tenido una muerte valiente en la batalla.

El Valhalla era el edificio más grande de Asgard, el hogar celestial de los dioses, y constituía uno de los 12 reinos de Asgard. Allí los Einherjar se daban un festín mientras esperaban la batalla final del mundo, el Ragnarok. Los Einherjar fueron llevados al Valhalla por las doncellas guerreras de Odín, las Valkirias, que fueron enviadas por Odín para recoger las almas de los héroes que caían en los campos de batalla.

El nombre Valhalla deriva del término islandés antiguo Valhöll, que significa "sala de los muertos". Los vikingos nórdicos eran un pueblo guerrero, y en su religión guerrera, las historias del Valhalla desempeñaban un papel importante. No existía otro "cielo", y los guerreros que no morían valientemente en la batalla iban al turbio y miserable inframundo. Y a diferencia del concepto cristiano de cielo, el Valhalla no era un lugar de recompensa eterna.

Protegiendo las entradas del Valhalla estaban la barrera natural del rugiente río Thund y la puerta enrejada Valgrind. Según un relato, la sala era tan grande que tenía 540 puertas, cada una de las cuales era tan ancha que podían atravesarla 800 guerreros al mismo tiempo. Según otro relato, el número de puertas era de 640, cada una de ellas lo suficientemente ancha como para que pudieran pasar 960 guerreros.

La enorme sala del Valhalla tenía vigas hechas de lanzas y tejas hechas de escudos. En el interior de la sala, los bancos de las largas mesas del banquete estaban cubiertos de cota de malla. Las valquirias traían cada vez más guerreros muertos a la sala, pero siempre había comida y bebida más que suficiente para todos.

En el Valhalla, Odín reunía cada día a sus campeones guerreros. Al amanecer salían, vestidos con su cota de malla, y luchaban en la llanura de Asgard para mantener su destreza y prepararse para el día en que librarían la batalla final, el Ragnarok. Los guerreros disfrutaban de estas batallas, incluso cuando resultaban heridos o muertos en ellas. Después de la práctica, los que habían sido abatidos se levantaban milagrosamente, listos para reanudar la lucha a la mañana siguiente. Luego, todos regresaban al Valhalla para festejar y divertirse.

Las valquirias servían la comida a los Einherjar, y siempre había comida más que suficiente en el Valhalla. Cada mañana, el cocinero Andrimne, o Andhrimnir, preparaba un guiso con la carne del jabalí Særimne, o Saehrimnir, en el enorme caldero Eldrimne, o Eldhrimnir. Cada noche, el jabalí volvía a estar entero y vivo y podía volver a cocinarse al día siguiente.

Se bebía mucho en este "cielo" guerrero. Los Einherjar regaban su carne con cerveza e hidromiel espumosa. El hidromiel se producía como la leche de las ubres de la cabra nodriza Heidrun. Esta cabra estaba en el techo del Valhalla, mordisqueando ramas del árbol Lærad, o Laeradr. Las prodigiosas cantidades de hidromiel bajaban de Heidrun a una vasija tan grande que todos tenían todo lo que podían querer beber. El propio Odín no comió, aunque el dios tuerto se sentó a la cabeza del festín con sus dos cuervos, Huginn (Pensamiento) y Muninn (Memoria), posados en cada hombro; mientras los guerreros festejaban juntos, los cuervos le traían noticias del mundo. Los dos lobos de Odín, Geri (Greddy) y Freki (Feroz), se sentaban a sus pies, y Odín les daba toda su comida. Sin embargo, bebía vino y eso le proporcionaba todo el alimento que necesitaba el dios.

Según la leyenda, este patrón de lucha y festín se repetiría hasta el Ragnarok, cuando el canto del gallo Gullinkambi (Peine de Oro) señalaría el comienzo de la gran batalla entre los dioses y los poderes del mal. Entonces, los Einherjar saldrían del Valhalla para luchar del lado de Odín y los demás dioses, mientras que sus infelices homólogos del inframundo tendrían que luchar del lado de los monstruos y los gigantes.

Preguntas de investigación

1) ¿Quién es el gobernante del Valhalla según la mitología nórdica?
2) ¿Cómo crees que es el Valhalla?
3) ¿A quién elegirías para invitar al Valhalla?
4) Si te dieran a elegir, ¿qué plano de existencia de la mitología nórdica prefieres y por qué?

Norns

Sus nombres eran Urd (también escrito Urdr, o Weird, que significa "pasado"), Verdande ("presente") y Skuld ("futuro").

Tres seres femeninos que rigen el destino de los dioses y los hombres

Las Norns tienen paralelos en las tres Parcas de la mitología griega y romana, por lo que se cree que se originaron antes del desarrollo de las leyendas de Odín y pueden ser de origen indoeuropeo.

Las Nornas son tres sabias hilanderas que determinan la duración de cada vida. Una hilaba el hilo de cada vida, otra medía su longitud y la tercera decidía cuándo debía romperse el hilo.

Se las representaba como brujas envejecidas y de cabeza gris, y eran respetadas por todos por el inmenso poder que poseían sobre los destinos de los dioses y los humanos por igual. Una vez que las Norns habían decidido el destino de alguien, ese destino no podía cambiarse. Incluso el dios principal, Odín, estaba sometido a su poder.

Las Norns vivían en una gran sala en Asgard, cerca del Pozo de Urd (Urdarbrunn, o Pozo de las Raras). Estas tres Nornas cuidaban de la salud del Árbol del Mundo, Yggdrasil. Evitaban que se marchitara. Todos los días sacaban agua del pozo de Urd y la rociaban sobre el árbol, y colocaban arcilla del pozo en el tronco del árbol en los lugares donde la corteza se había podrido o había sido devorada por los animales. Dado que las raíces y ramas de Yggdrasil conectaban todos los mundos y mantenían unido el universo, las Norns eran las responsables de preservar el tejido de toda la creación.

Según la Edda en prosa (o juvenil), aunque Urd, Verdande y Skuld eran las principales Norns, había también muchas otras Norns, algunas buenas y otras malas, y siempre que nacía alguien, había una Norn que moldeaba la vida de esa persona y determinaba su destino.

Incluso los orígenes de las Norns podían ser diferentes; algunas eran de origen divino, otras procedían de los elfos y los enanos. Se creía que las Norns buenas, las de parentesco noble, daban forma a las vidas buenas, mientras que las Norns malas eran responsables de la desgracia.

Preguntas de investigación

1) ¿Quién es uno de tus personajes o dioses/diosas favoritos de la mitología nórdica y por qué?
2) ¿Cuáles son algunos datos curiosos sobre la mitología nórdica?

Hel
El nombre del mundo de los muertos

Hel es el reino de los muertos, presidido por la diosa del mismo nombre.

La palabra nórdica *hel deriva* de la anterior *halja, que* significa "lugar de ocultación" y que, por extensión, incluía la tumba o el inframundo. Los pueblos nórdicos concebían Hel como un lugar de niebla densa y frío intenso, asociado y situado dentro del vasto y primordial páramo helado conocido como Niflheim.

La entrada a Hel desde el mundo de los vivos era una cueva negra rodeada de acantilados y barrancos escarpados y premonitorios, custodiada por Garm, un sabueso despiadado y manchado de sangre.

Según la "Edda prosa (o joven)", el dios Hermod cabalgó hacia Hel en busca de la resurrección del condenado dios Balder. Aunque montó el caballo más rápido del mundo, Sleipnir, el viaje le llevó nueve noches, atravesando valles tan oscuros y profundos que no podía ver nada. Entonces llegó al río Gjol (también escrito Gioll o Gjoll), cuyo nombre significa "aullido".

Había que cruzar el puente Gjol, que estaba cubierto de oro brillante y custodiado por una doncella llamada Modgud (o Módgudr). Ella preguntaba a los que deseaban cruzar su nombre y su linaje. Más allá del puente se continuaba hacia abajo y hacia el norte, por un camino que llevaba a una enorme puerta cerrada. Esta era la Puerta de Hel. Como Hermod montaba a Sleipnir, podía saltar la puerta.

Dentro de la puerta se encontraba la sala de la diosa Hel. Era aquí donde ella, como gobernante del inframundo, vivía y saludaba a los muertos que llegaban a sus dominios. Según algunos relatos, todos los que morían de enfermedad y vejez estaban destinados a ir a Hel.

Otros relatos destacaban que Hel era un lugar de castigo para los criminales y, sobre todo en la época vikinga, un lugar donde los guerreros que no morían en la batalla, y por tanto no podían entrar en el Valhalla, moraban en la miseria hasta el Ragnarok, el fin del mundo. En el momento del Ragnarok, serían llamados a marchar en sus legiones y seguir al malvado Loki en la batalla contra los dioses.

Preguntas de investigación

1) ¿Qué representa Hel?
2) ¿Qué determina que alguien entre en el Valhalla o en el Hel?

Ragnarok
La batalla del fin del mundo

Ragnarok se refiere a la batalla del fin del mundo; literalmente, "perdición de los poderes divinos". Según la tradición nórdica, al final del mundo se produciría una terrible batalla entre las fuerzas del bien y del mal.

Los dioses y sus aliados lucharían a muerte contra sus enemigos de siempre, los gigantes y los monstruos. No sólo los dioses y los gigantes perecerían en esta conflagración apocalíptica, sino que todo en el universo se desgarraría.

En las sociedades guerreras vikingas, morir en la batalla era un destino digno de admiración, y esto se trasladó al culto de un panteón en el que los propios dioses no eran eternos, sino que un día serían derrocados, en el Ragnarok. Los pueblos nórdicos conocían bien lo que ocurriría, quién lucharía contra quién y el destino de los participantes en esta batalla, gracias a sus propias sagas y a la poesía esquelética.

Las señales de la llegada del Ragnarok serían evidentes para todos. En primer lugar, habría grandes luchas durante tres inviernos, durante los cuales el tejido social se rompería; los hermanos matarían a los hermanos, los padres y los hijos se asesinarían mutuamente, los votos ya no se cumplirían, y la depravación y el caos aumentarían en todas partes.

A continuación, se producirían tres inviernos juntos sin verano entre ellos. Este sería el Invierno Fimbul (Invierno Misterioso, o Monstruoso); una nieve omnipresente volaría en todas direcciones, acompañada de terribles heladas y vientos cortantes.

El lobo que perseguía perpetuamente al sol lo atraparía y se lo tragaría, y el otro lobo del cielo atraparía a la luna. Las estrellas desaparecerían. Entonces toda la Tierra temblaría, los árboles serían arrancados y las montañas caerían, haciendo que todos los grilletes y ataduras se rompieran. Esto liberaría a los monstruos -incluidos el lobo Fenrir y su padre, Loki- que habían sido atados por los dioses. Los ojos y las fosas nasales de Fenrir arderían en fuego, y las fauces abiertas de su boca rasparían la Tierra y el cielo.

El océano surgiría sobre las tierras porque otro de los hijos de Loki, la serpiente Jormungand, se alzaría desde su profundo lecho oceánico sobre la tierra con furia, salpicando el cielo y el mar con su veneno. El espantoso barco Naglfar, hecho con los clavos de los hombres muertos, se soltaría de sus amarras y llevaría un ejército de gigantes de la escarcha, con su capitán, Hrym, al timón.

En medio de esta agitación, el cielo se abriría y de él cabalgarían los gigantes de fuego, liderados por Surt con su espada ardiente. Todo a su paso ardería en llamas. Los gigantes de fuego cabalgarían sobre Bifrost, el puente del arco iris que lleva al cielo, derrumbándolo en llamas al cruzarlo.

Las fuerzas del mal, incluido Loki, al frente de un ejército de todas las almas que habían estado en Hel, se reunirían en un enorme campo llamado Vigrid. Heimdall sería el primero de los dioses en ver acercarse al enemigo, y soplaría poderosamente sobre Gjallarhorn para alertar a todos los dioses. Rápidamente celebrarían un parlamento, y Odín cabalgaría hasta el pozo de Mimir para consultar a éste en su nombre y en el de su pueblo.

Entonces el Árbol del Mundo, el fresno Yggdrasil que conecta y sostiene todas las partes del universo, gemiría y se agitaría, y todas las criaturas se volverían temerosas. Los dioses Aesir se pondrían su traje de batalla. Odín guiaría a los Einherjar, las almas de los héroes muertos, a la batalla, llevando su casco dorado, su cota de malla y portando su lanza, Gungnir. Thor avanzaría al lado de Odín.

Odín atacaría al gigantesco lobo Fenrir. Thor no podría ayudar a su padre porque estaría comprometido con su viejo enemigo Jormungand. Frey lucharía contra Surt y sería asesinado por falta de su espada mágica.

El sabueso infernal Garm lucharía contra Tyr y se matarían mutuamente. Thor saldría victorioso sobre la serpiente, pero caería al suelo muerto por el veneno que la serpiente le escupió, después de alejarse sólo nueve pasos de su cuerpo.

Fenrir se tragaba a Odín. Inmediatamente el hijo de Odín, Vidar, se adelantaría y pisaría la mandíbula inferior del lobo. Con una mano agarraría la mandíbula superior del lobo y le desgarraría la boca, matándolo por fin. Loki lucharía contra el dios Heimdall, y ambos morirían.

Después, Surt lanzaría fuego sobre la Tierra y quemaría el mundo entero. Los humanos perecerían junto con los dioses y todas las demás criaturas. Pero el mal también perecería, y según ambas Eddas, un universo mejor y pacífico surgiría tras la destrucción del antiguo.

Una nueva Tierra surgiría del mar, verde y creciente, y las cosechas crecerían sin haber sido sembradas. El prado Idavoll, en la ahora destruida Asgard, se habría salvado. El sol reaparecería porque antes de ser tragado por el lobo, Alfrodul (otro nombre del sol) daría a luz a una hija tan bella como ella misma, y esta hija doncella recorrería el camino de su madre en el nuevo cielo.

También habrían sobrevivido algunos dioses: Los hijos de Odín, Vidar y Vali; los hijos de Thor, Modi y Magni, que ahora tendrían el martillo mágico de su padre, Mjolnir; y lo más importante, Balder y su hermano Hod, que subirían de Hel y habitarían en la antigua sala de Odín en los cielos.

Estos supervivientes se sentaban juntos, discutían sus misterios y hablaban de las cosas que habían sucedido. En la hierba de Idavoll, encontrarían las piezas de oro que los Aesir habían utilizado para jugar a las damas.

Los humanos reaparecerían porque dos de ellos, Lif y Lifthrasir, habrían sobrevivido escondiéndose durante el cataclismo, en un lugar llamado Hoddmimir's Holt, un pequeño matorral de árboles. Vivirían del rocío de la mañana y repoblarían el mundo de los humanos y adorarían a su nuevo panteón de dioses, liderado por Balder.

Todavía habría muchas salas para albergar las almas de los muertos. Según la EDDA EN PROSA, existía otro cielo al sur y por encima de Asgard, llamado Andlang, y un tercer cielo más arriba, llamado Vidblain; y estos lugares ofrecerían protección mientras los fuegos de Surt quemaban el mundo. Según ambas Eddas, después del Ragnarok, la sala de Gimle sería el mejor lugar para estar en el cielo.

Brimir, otro lugar del cielo, sería una sala donde se serviría abundantemente la buena bebida. Una sala llamada Sindri, construida en oro rojo, albergaría las almas de los buenos y virtuosos. La PROSE EDDA también menciona Nastrand (o Nastrond, "Tierra de cadáveres"), una gran sala orientada al norte cuyas paredes estarían tejidas de serpientes.

Las cabezas de las serpientes mirarían hacia el interior de la sala, escupiendo veneno, de modo que ríos de veneno fluyeran dentro. En este lugar, las almas de los asesinos y de los infractores del juramento se verían obligadas a vadear estas corrientes de veneno para siempre. Y en el peor lugar de todos, Hvergelmir, la serpiente Nidhogg, también aparentemente superviviente del Ragnarok, atormentaría los cuerpos de los muertos.

Preguntas de investigación

1. ¿Qué opinas de Ragnarok?

2. ¿Qué dos fuerzas luchan en la mitología nórdica?
3. Si pudiera decir algo sobre Ragnarok que la gente no sepa, ¿qué sería?

Aesir

También se escribe Æsir.

La principal raza de dioses, liderada por Odín

Los Aesir son uno de los dos grupos de dioses distintos, los Aesir y los Vanir. Los Aesir eran principalmente dioses de la batalla, mientras que los Vanir estaban asociados a la agricultura, la salud y la prosperidad.

Los relatos de la literatura nórdica son principalmente historias de los heroicos Aesir, los dioses guerreros, aunque también se mencionan algunos dioses Vanir que vivían entre los Aesir. Los Aesir vivían en un reino celestial llamado Asgard.

Los primeros Aesir fueron el feroz Odín, el dios principal, y sus dos hermanos, Vili y Ve, que juntos crearon a los primeros humanos. La esposa de Odín, Frigg, y todos sus descendientes, así como muchos otros dioses y diosas también pertenecían a los Aesir.

Entre ellos estaban el luchador y dios del trueno Thor; el bello pero condenado dios Balder; Bragi, el dios de la poesía; Forseti, dios de la justicia; Heimdall, el vigilante de los dioses; el dios de la guerra Tyr; Idunn, guardiana de las manzanas de la juventud; Sif, la esposa de pelo dorado de Thor; el dios del invierno Ull; Vali, el vengador; Vidar, el dios silencioso; y la diosa de la tierra Jord.

Según la tradición, hace mucho tiempo los Aesir y los Vanir libraron una guerra. Según un relato, la guerra comenzó cuando los Vanir atacaron a los Aesir porque éstos habían torturado a la diosa Gullveig, una sacerdotisa o hechicera Vanir. Los Vanir indignados exigieron una satisfacción monetaria o la igualdad de estatus como dioses. Pero los Aesir se negaron y declararon la guerra a los Vanir. Ambos bandos lucharon con valentía, y a pesar de su destreza en el combate, los Aesir sufrieron numerosas derrotas. La mayoría de los relatos dicen que la guerra terminó en una tregua cuando ninguno de los dos bandos pudo obtener una victoria decisiva.

Se acordó que para preservar la paz, cada bando tomaría rehenes del otro. Así, los dioses aesir Hoenir y Mimir fueron enviados a vivir entre los vanir, mientras que el dios del mar vanir Njord, y sus dos hijos, Frey y Freya, se instalaron entre los aesir. Posteriormente, estos dioses vanir se asociaron con los aesir.

La paz se restableció simbólicamente mediante un ritual en el que ambas partes escupieron en Odherir, un caldero mágico, mezclando su saliva. De su saliva combinada se formó un dios-poeta llamado Kvasir, que era el más sabio de los sabios. En algunos relatos, Kvasir era él mismo un enano, en otros fue asesinado por enanos. Su sangre se mezcló con miel y se creó un hidromiel mágico que inspiraba a quien lo bebía a hablar con poesía y sabiduría.

Los Aesir y los Vanir tenían un enemigo mutuo en los gigantes de la escarcha. Estos gigantes eran los descendientes del gigante más antiguo, Ymir.

Tanto los Aesir como los Vanir estaban condenados a ser destruidos en el Ragnarok (el fin del mundo). En el día del Ragnarok, las fuerzas del mal - incluidos los gigantes de la escarcha y otros monstruos- se enfrentarían a muerte con los dioses y sus aliados.

Los Einherjar, las almas de los guerreros que habían muerto en la batalla y habían sido llevados al Valhalla por las doncellas de Odín, las Valkirias, lucharían ese día del lado de los dioses en este conflicto apocalíptico final.

Las historias de los guerreros Aesir se relatan en la Edda Poética (o Antigua) y en la Edda en Prosa (o Joven).

Los estudiosos han especulado con la posibilidad de que los Aesir y los Vanir representen dos culturas distintas que se fusionaron a principios de la historia nórdica, y la antigua batalla mítica entre los Aesir y los Vanir y su eventual tregua podrían reflejar, al menos en parte, la fusión histórica de ambos grupos. El historiador islandés Snorri Sturluson pensó que la palabra Aesir podría derivar de la palabra Asia; los Vanir podrían ser un grupo que entró en Europa desde Asia Menor.

El protagonismo de los heroicos Aesir en la mitología y la literatura de las Eddas nórdicas bien puede estar relacionado con el ascenso de la aristocracia guerrera durante la expansiva Era Vikinga, una época en la que una religión guerrera podría extender su influencia y llegar a dominar una sociedad más asentada y agrícola como la asociada a los Vanir.

Preguntas de investigación

1) ¿Qué crees que piensan los gigantes de los dioses Aesir?
2) ¿Qué deidad fue expulsada de Asgard por otro dios?
3) ¿Cuál es tu dios o diosa nórdica menos favorita?

Balder

También se escribe Baldur o Baldr.

Dios de la belleza, del amor, de la pureza, de la paz, de la rectitud

Balder es el segundo hijo de Odín. Muy apreciado por los vikingos, Balder era conocido como Balder el Bueno; era la encarnación de la belleza, la justicia y la dulzura. Balder no tenía defectos y no albergaba maldad hacia nadie.

Balder era el marido de la diosa Nanna y el padre de Forseti, el dios de la justicia y la conciliación. Vivía en una mansión en el cielo llamada Breidablik (Amplio Resplandor), un lugar donde no se permitía ninguna cosa impura o maligna.

La historia de la muerte de Balder, relatada en la "Edda prosa (o joven)", es uno de los mitos nórdicos más completos que se conservan. Balder soñó que corría un gran peligro. Contó sus sueños a los demás dioses y diosas, y éstos reunieron su consejo en Asgard para deliberar sobre qué hacer. Decidieron que para evitar la realización de estos sueños, pedirían a todo el mundo que no le hiciera daño.

Frigg, la madre de Balder, viajó por toda la Tierra, obteniendo juramentos de todas las criaturas y todas las cosas -incluyendo animales, pájaros, serpientes, fuego, agua, hierro, minerales, árboles, piedras y venenos- jurando que no harían daño a Balder, ya que éste nunca había hecho daño a un solo ser. Después de esta promesa, los dioses se sintieron más seguros.

Como nada podía herir a Balder, los dioses empezaron a divertirse lanzándole armas y flechas como deporte. Todo lo que le lanzaban era simplemente desviado.

Pero a Loki, el embaucador dios del fuego, no le gustó que Balder fuera inmune a las heridas. Se disfrazó de anciana y acudió a Frigg, ganándose su confianza. Frigg admitió que había hecho una excepción al juramento: el delgado brote de un árbol de muérdago, porque le había parecido demasiado joven para tener que hacer un voto.

Loki salió inmediatamente, recogió una rama de muérdago y la llevó de vuelta a la asamblea, donde los dioses seguían entreteniéndose. Loki se acercó al dios ciego Hod (o Hoder), otro de los hijos de Odín, que se encontraba fuera de la multitud. Le dio a Hod la vara de muérdago y se ofreció a guiar su puntería. El proyectil atravesó a Balder, que cayó muerto al suelo.

Los dioses, sobrecogidos por la conmoción y el dolor, enviaron al hijo de Odín, Hermod el Veloz, al inframundo para rescatar a Balder de Hel, la reina del inframundo. Hel no fue indiferente; dijo que permitiría a Balder volver a Asgard si todas las cosas del mundo, vivas y muertas, lloraban por él, pero si una sola cosa se negaba o se oponía, Balder debía permanecer en el inframundo.

Los dioses enviaron mensajeros a todos los rincones del mundo. Sólo una giganta se negó a llorar por Balder. Dijo llamarse Thokk (o Gracias), pero se pensó que era Loki disfrazado. Por lo tanto, Balder tuvo que permanecer en el inframundo. Después de su muerte, se decía que ya no había felicidad, justicia o belleza perfectas en el mundo.

Loki fue capturado y atado por sus malas acciones, para no ser liberado de nuevo hasta la gran batalla del Ragnarok. Tras esta batalla del fin del mundo, habría un renacimiento de la Tierra, y Balder volvería a vivir en el cielo.

Preguntas de investigación

1) ¿Qué otros datos conoces de Baldr?
2) ¿Por qué Loki mató a Baldr (Baldur)?

Bragi

Dios del conocimiento, de la poesía, de la elocuencia y patrón de los skalds

Bragi es el dios de la poesía. Era venerado por su sabiduría, su elocuencia, su capacidad para componer y recitar y su conocimiento de la poesía. También era el dios de las ceremonias y el dios de los skalds (bardos).

Según la "Edda de la prosa (o joven)", fue a causa de Bragi que la poesía se llamó bragi, y se decía que una persona, independientemente del sexo, era un bragi (jefe) de hombres o mujeres si destacaba en la elocuencia.

La esposa de Brag era la diosa Idunn, que guardaba las manzanas de la juventud que los dioses comían para evitar el envejecimiento. Así, la poesía estaba vinculada a la fuente de la eterna juventud.

Bragi era también el nombre de un célebre poeta noruego del siglo IX, el skald Bragi Boddason, que inventó un determinado tipo de estrofa. Es posible que se divinizara después de su muerte; el dios Bragi parece ser un desarrollo tardío en el imaginario escandinavo, y Odín, el dios principal, también fue identificado como el dios patrón de la poesía eskaldica.

Preguntas de investigación

---

1) ¿Cuáles son tus datos favoritos sobre Bragi?

2) ¿Cuál crees que es la relación entre los trolls y los dioses nórdicos?

Forseti

También se escribe Forsete.

Dios de la justicia

Forseti es el dios de la justicia y la conciliación. Era hijo del condenado pero amado dios Balder y de su esposa, Nanna. El hogar de Forseti en Asgard (el cielo) era una gran sala llamada Glitnir, que estaba sostenida por pilares de oro y tenía un techo de plata.

Allí, Forseti atendía los casos y resolvía todos los litigios, por difíciles que fueran, a satisfacción de todos.

Preguntas de investigación

1) ¿Cuál es la diferencia entre un dios y una diosa?
2) ¿Cuál es tu nombre vikingo o nórdico favorito?

Heimdall

También se escribe Heimdal o Heimdallr.

Dios guardián

Heimdall es uno de los Aesir, vigilante de los dioses, guardián del reino celestial de Asgard y gobernante de los lugares sagrados. Su padre era el dios principal, Odín, y según la "Edda Prosa (o Joven)", no tuvo una sino nueve madres; eran doncellas que eran hermanas.

Heimdall era guapo, con una piel blanca y brillante. Sus dientes eran de oro macizo. También se le llamaba Hallinskidi, Gullintanni (Dientes de Oro) y, cuando visitaba el mundo de los humanos, Rig.

Heimdall era el dios perfecto para actuar como centinela, ya que necesitaba dormir menos que un pájaro, y porque sus sentidos eran muy agudos: podía ver hasta una distancia de cien leguas igualmente bien de noche o de día; podía oír todos los sonidos, incluso el de la hierba que crece en la tierra y la lana que crece en las ovejas.

Heimdall montaba un caballo llamado Gulltopp, y su espada era Hofund (Cabeza). Tenía un palacio llamado Himinbjorg (Acantilado del Cielo) que se encontraba cerca de Bifrost, el Puente del Arco Iris que conectaba el reino de los dioses (Asgard) con el reino de la humanidad (Midgard). Heimdall vigilaba allí para proteger a Asgard de la invasión de los gigantes. Poseía una trompeta llamada Gjallarhorn (cuerno clamoroso); su sonido podía oírse hasta los confines del universo. Según la leyenda, Heimdall sería el primer dios en ver los ejércitos de gigantes y monstruos que se reunían para atacar Asgard en el Ragnarok, la batalla del fin del mundo. Con el Gjallarhorn daría el aviso de su aproximación. A pesar de sus responsabilidades, Heimdall podía ser amante de la diversión; disfrutaba bebiendo hidromiel en su hermosa sala de banquetes de Himinbjorg.

Heimdall era el dios del brillo y de los usos benéficos del fuego, y como tal se oponía al malvado dios del fuego Loki. Loki disfrutaba burlándose del diligente vigilante, y ambos estaban en constante conflicto. En algunas poesías nórdicas, Heimdall es conocido como el "enemigo de Loki". En un cuento, Loki robó el fabuloso collar de Brisingamen que la diosa Freya había adquirido de los enanos, y se lo llevó al mar para esconderlo. Pero Heimdall, disfrazado de foca, nadó para recuperarlo.

Loki se convirtió entonces en un sello también, y los dos lucharon. Heimdall recuperó el collar de su astuto adversario y se lo devolvió a la diosa. Durante el Ragnarok, la batalla del fin del mundo, Heimdall y Loki estaban destinados a luchar hasta la muerte, cada uno matando al otro.

La laya eddica "Rigsthula" cuenta cómo Heimdall fue el responsable de engendrar las tres clases sociales de personas: los campesinos, los agricultores y artesanos y la nobleza. Bajo el nombre de Rig, viajó por Midgard, el mundo de la humanidad, para ver cómo les iba a los descendientes de Ask y Embla, los primeros humanos. Rig llegó a la pobre cabaña de Ai (bisabuelo) y Edda (bisabuela) y, aunque tenían poco, fueron hospitalarios con el encantador dios.

Durante tres días, Rig comió con ellos, y por la noche durmió con ambos. A su debido tiempo, Edda dio a luz a un hijo fuerte llamado Thrall, que se casó con una muchacha trabajadora llamada Esne, y sus descendientes fueron todos los campesinos y obreros del mundo. Rig continuó sus viajes y llegó a una granja donde vivían Afi (el abuelo) y Amma (la abuela), y durante tres días comió y durmió con ellos.

A su debido tiempo, Amma dio a luz a un hijo llamado Freeman, constructor, herrero y agricultor, que se casó con un buen panadero y tejedor llamado Hussif; sus hijos se convirtieron en artesanos, agricultores y terratenientes del mundo. Rig siguió adelante, conociendo al Padre

Escudero y a la Madre Dama, y comiendo con ellos en su fina mansión, y durmiendo con ellos en su lujosa cama.

A su debido tiempo, Lady dio a luz a un niño llamado Earl, cazador y jinete, que se casó con una rica y hermosa música llamada Princess, y sus hijos se convirtieron en los reyes y reinas del mundo. Rig enseñó a Earl los secretos de las runas para que él y sus hijos pudieran ser líderes sabios. Entonces Rig regresó a Asgard, muy satisfecho con toda su descendencia.

Preguntas de investigación

1) ¿Has leído alguna vez un cómic sobre la mitología nórdica? Si es así, ¿cuál crees que es la historia más interesante que contiene?
2) ¿Cuál es la deidad de la mitología nórdica que mejor encaja con uno de tus amigos: Vili o Thor? ¿Y por qué los eliges?

Hel
Diosa de los muertos y gobernante del inframundo

La palabra inglesa hell (infierno) proviene del nombre de esta diosa nórdica

Hel es la diosa de los muertos y gobernante del inframundo. Fue una de las tres criaturas monstruosas que el embaucador dios del fuego Loki dio a luz tras comerse el corazón de una bruja, la giganta Angerbotha. Los hermanos de Hel eran el lobo gigante Fenrir y Jormungand, la serpiente maligna que se enroscaba alrededor del mundo.

Según la "Edda en prosa (o juvenil)", tras el nacimiento de Hel, el dios principal, Odín, la arrojó a los oscuros y helados páramos de Niflheim y le dio autoridad sobre nueve mundos. Todos los que morían por enfermedad o vejez eran enviados a ella, y ella debía darles alojamiento y comida. Tenía grandes mansiones en Niflheim para sí misma y para albergar a todos los muertos que llegaban allí.

Los muros eran excepcionalmente altos, con enormes puertas. Su salón se llamaba Elvidnir, o Eliudnir (Miseria), su plato Hambre, su cuchillo Hambre, y sus sirvientes masculino y femenino Ganglati y Ganglot (cuyos nombres significan "de movimiento lento"). El umbral por el que se entraba se llamaba Stumbling-block, su cama era Sick-bed, y sus cortinas Gleaming-bale. Su sabueso, Garm, custodiaba la puerta.

Se creía que Hel se alimentaba de los cerebros y la médula de los humanos. En apariencia, Hel tenía un aspecto feroz y era fácilmente reconocible: mitad negra y mitad de carne. En cuanto a su comportamiento, se la describe como bastante abatida.

De vez en cuando salía de Niflheim y vagaba por la Tierra en un caballo blanco de tres patas, recogiendo a los muchos que perecían en la peste o el hambre. El propio reino de Niflheim solía llamarse simplemente Hel, en honor a la diosa.

Cuando el bello pero condenado dios Balder fue asesinado a traición, Hel lo alojó en una enorme sala dorada acorde con su posición, y se mostró comprensiva con la petición de los dioses, presentada por el dios Hermod, de que Balder fuera devuelto al cielo. Aceptó liberar a Balder del reino de los muertos, pero sólo si todas las criaturas del mundo lloraban por él. Como la giganta Thokk se negó a llorar por él, Balder se vio obligado a permanecer en Hel.

Los estudiosos han argumentado, basándose en los textos que se conservan, que Hel no se consideraba una deidad maligna hasta que las creencias nórdicas empezaron a verse influidas por el cristianismo. Antes de esa época, no se la asociaba con el dios malvado Loki. El hecho de que sus dos hermanos fueran monstruos, ni siquiera con forma humana, mientras que ella era considerada una diosa, apoyaría esta afirmación.

No había ningún estigma de crueldad en ella; más bien parecía estar triste o deprimida. Su palacio era tan imponente como los salones de los dioses, y recibía con cortesía a las almas muertas que acudían a ella. Parecían habitar en paz en Hel; no eran torturadas ni maltratadas de ninguna manera.

Sin embargo, en la época vikinga se hacía hincapié en los súbditos de Hel como criminales -asesinos, ladrones, adúlteros- y otros que no habían muerto en la batalla y, por tanto, no habían sido llevados por las valquirias de Odín al palacio celestial de Valhalla. En esta tradición, los súbditos de Hel son atormentados y miserables. Y según la "Prose Edda", en el momento del Ragnarok, la batalla del fin del mundo, Loki lideraría a todos los habitantes de Hel en la lucha contra los dioses.

En ese momento, otras criaturas del dominio de Hel también se soltarían en el mundo: la serpiente Nidhogg, el lobo Fenrir y el perro Garm.

Preguntas de investigación

1) ¿Qué puedes contar a tus amigos sobre Hel y Loki? ¿Cómo es su relación?
2) ¿En qué se diferencian los dioses y diosas nórdicos?

Hermod
Mensajero de los dioses

Hermod es el hijo del dios principal, Odín, y de su esposa, Frigg. Conocido como Hermod el Veloz, era llamado por los otros dioses cuando tenían una tarea que requería rapidez y urgencia.

Hermod llevaba un casco y una cota de malla que le había dado Odín, y siempre llevaba Gambantein, su varita mágica o bastón. También se le llamaba Hermod el Audaz, ya que era valiente en la guerra y amaba una buena pelea. Los vikingos creían que estaría esperando, junto con Odín, a la entrada del Valhalla para recibir a los Einherjar, guerreros que habían muerto valientemente en la batalla.

Hermod aparece tanto en la "Edda poética (o antigua)" como en la "Edda en prosa (o joven)". Fue Hermod quien se ofreció a cabalgar desde las alturas del cielo, Asgard, hasta Hel para intentar rescatar a su hermano

Balder de la reina del inframundo (también llamada Hel). Tardó nueve días, montando el corcel de Odín, Sleipnir, el caballo más rápido del mundo, en llegar al río Gjol (también escrito Gioll o Gjoll).

Allí conoció a Modgud (o Módgudr), la doncella que guardaba el puente. Ella le preguntó por qué alguien que aún no estaba muerto querría cruzar el río hacia Hel, y le dijo que su hermano sí había pasado por allí.

Hermod llegó entonces a la enorme puerta de hierro de Hel, cerrada con llave. Hermod condujo a Sleipnir en un salto gigante sobre la puerta. Una vez dentro, Hermod intentó convencer a Hel de que Balder debía ser devuelto al mundo de los vivos, porque su muerte había causado mucho dolor.

Hel accedió a permitir que Balder regresara a Asgard si todas las cosas del mundo, vivas y muertas, lloraban por él, pero si una sola cosa se negaba a llorar, Balder tendría que quedarse en el inframundo.

Hermod emprendió el largo viaje de vuelta a Asgard y contó a los dioses lo que Hel había exigido. Los dioses enviaron mensajeros a todos los rincones del mundo con la noticia, y todo lloró, excepto una giganta llamada Thokk (gracias), que se creyó que era el malvado dios embaucador Loki disfrazado. Así que Balder tuvo que permanecer en el inframundo.

En otra ocasión, Odín se vio perturbado por las profecías y llamó a Hermod para que cabalgara a la tierra de los finlandeses para ver a Rossthiof (ladrón de caballos). Odín volvió a prestarle a Hermod su veloz caballo, Sleipnir, y también le dio su bastón rúnico. Hermod se apresuró a partir, y aunque Rossthiof conjuró monstruos para detenerlo, Hermod sometió a Rossthiof y se negó a liberarlo hasta que tuviera respuestas a los presentimientos de Odín. Rossthiof aceptó y Hermod lo liberó.

Rossthiof comenzó a murmurar conjuros, e inmediatamente el sol se ocultó tras las nubes, la tierra tembló y se levantaron vientos de tormenta. Rossthiof señaló el horizonte y allí Hermod vio un enorme chorro de sangre que inundaba el suelo.

Apareció una hermosa mujer con un niño a su lado. Este niño creció hasta alcanzar su plena estatura, llevando un arco y flechas, ante los ojos de

Hermod. Rossthiof dijo que la sangre significaba el asesinato de uno de los hijos de Odín, pero que si Odín cortejaba y ganaba a la giganta Rind (o Rinda) en la tierra de los rutenos (Rusia), ella le daría un hijo que llegaría a su pleno crecimiento en un día y vengaría la muerte de su hermano.

Hermod se apresuró a ir a ver a Odín y le contó el presagio. Como resultado, Odín buscó a Rind, que se convirtió en la madre de su hijo Vali. La profecía se cumplió con la muerte de Balder, cuando Vali mató a Hod para vengarlo.

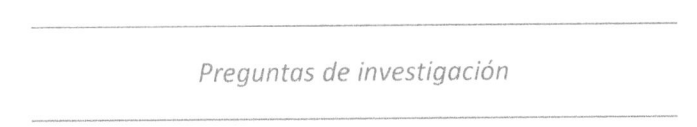

Preguntas de investigación

1) ¿Qué opinas de este dios nórdico?
2) ¿Has escuchado alguna historia sobre Hermod?

Hod

También se escribe Höd, Hoder o Hodur.

Dios del invierno y la oscuridad

Hod es un dios ciego, asociado con la noche y la oscuridad. Hod era el hijo del dios principal, Odín, y de su esposa, Frigg. Fue engañado por el malvado dios del fuego Loki para que matara a su hermano Balder, que era el más bello y perfecto de los dioses.

Según la mitología nórdica, después de este acto el mundo no volvió a ser tan bueno, amoroso y justo como lo había sido antes de la muerte de Balder. A pesar de que Hod, incapaz de ver, había sido engañado para llevar a cabo el atroz asesinato, los dioses y diosas no podían olvidar que fue su mano la que lanzó el arma. Por ello, Hod fue asesinado para vengar la muerte de Balder por otro de sus hermanos, el dios Vali.

Después, tanto Balder como Hod fueron condenados a morar en el inframundo con la diosa Hel, hasta el momento del Ragnarok, la batalla del fin del mundo. Según la leyenda, en el Ragnarok regresarían de la muerte. Ellos y los pocos dioses supervivientes -incluido Vali- se reconciliarían y reinarían en un nuevo cielo mejor que el anterior.

Preguntas de investigación

1) ¿Qué dioses o diosas nórdicos has aprendido en la escuela?
2) Si tuvieras poderes, ¿qué tipo de poder te gustaría tener de una leyenda nórdica?

Hoenir

También se escribe Hænir.

Dios del silencio, de la espiritualidad, de la poesía y de la pasión

Hoenir es un dios Aesir y, junto con Odín y Lothur, uno de los creadores de la humanidad. Al igual que Odín, Hoenir era hijo de Bor y Bestla. No se sabe mucho sobre él, aunque se le menciona en varias ocasiones en la literatura superviviente como compañero de viaje de Odín y Loki. Se le consideraba camarada y confidente de Odín y era un veloz corredor.

Junto con Odín y Lothur, Hoenir asesinó al gigante de la escarcha primordial Ymir y creó el mundo, el cielo y el mar a partir del cuerpo del gigante. También ayudó a crear a los dos primeros humanos, el hombre Ask y la mujer Embla, a partir de dos troncos de madera a la deriva que encontraron en la orilla.

Según la Voluspa, una epopeya de la "Edda Poética (o Antigua)", Hoenir, en particular, les dio los dones del entendimiento y el poder de sentir. En algunos relatos de la creación del mundo y de los primeros humanos, Hoenir es identificado como hermano de Odín y se le atribuyen las acciones del dios Vili.

Hoenir fue uno de los dioses Aesir intercambiados como rehén con los dioses Vanir en el acuerdo de paz tras la guerra entre ambos grupos. Sin embargo, se le menciona en la "Edda prosa (o joven)" como uno de los doce dioses Aesir que se sentaban en el salón de banquetes de Asgard.

Según la "Prose Edda", en uno de sus viajes para explorar el mundo, Odín, Loki y Hoenir visitaron al rey de los enanos, Hreidmar. Esta es la fatídica aventura que condujo al robo del anillo del enano Andvari y a la maldición que se le impuso y que se convirtió en la base de gran parte del argumento del ciclo operístico de Richard Wagner "El anillo de los nibelungos".

Hoenir fue también el compañero de Odín y Loki cuando iniciaron una desventura que llevó al secuestro de la diosa Idunn por el gigante de las montañas Thiassi. Sin Idunn, guardiana de las manzanas de la juventud, los dioses se volvieron grises y viejos.

Según la leyenda, después del Ragnarok, la batalla entre dioses y gigantes que tendría lugar en el fin del mundo, Hoenir iría a un nuevo cielo, donde poseería el don de la profecía.

Preguntas de investigación

1) ¿Cuáles son los principales componentes de una buena historia mitológica en general?
2) ¿Qué le llevó a estudiar este tipo de conocimiento (mitología)?

Loki

También llamado Loki Laufeyiarson.

Dios del fuego, la magia, los cambios de forma y el caos

Loki es el malvado dios del fuego embaucador, siempre travieso, engañoso e intrigante, y uno de los personajes más conocidos de la poesía y la saga nórdicas. Como su nombre deriva de la raíz germánica de llama, se cree que Loki era originalmente un espíritu del fuego.

Loki era una figura embaucadora y, como cambia de forma, podía convertirse en diferentes animales a voluntad. Era padre de dos hijos, Nari (o Narfi) y Vali, de su esposa, la diosa Asynjur Sigyn (Siguna). Pero como también podía adoptar la forma del sexo opuesto, podía dar a luz, y tuvo varios hijos más de esta manera.

En la literatura conservada, el nombre de Loki se menciona más que el de cualquier otro dios, y es sin duda una de las concepciones más inventivas del folclore. Participó en muchas de las aventuras de los dioses, acompañando a menudo al dios principal Odín, o al hijo de Odín, el dios del trueno Thor, en sus viajes, aunque siempre provocando problemas. Loki era capaz de encantar a todos, a pesar de su profunda astucia, con su ingenio y su buena apariencia.

En la "Edda prosa (o joven)", Loki es citado como uno de los 12 dioses Aesir. Sin embargo, en rigor, en el panteón nórdico Loki no era un dios, sino un gigante, ya que era hijo del gigante Farbauti (Golpeador Peligroso) y de la giganta Laufey, o Nal. Por eso, a veces se le llamaba Loki Laufeyiarson.

Loki tenía hermanos llamados Byleist y Helblindi. Aunque normalmente era un antagonista de los dioses, a veces vivía en Asgard, el reino celestial de los dioses. Los dioses y los gigantes solían ser enemigos, pero en algún momento del pasado lejano había hecho un juramento con Odín que los convertía en hermanos de sangre, y debido a estos lazos, los demás dioses disfrutaban de su compañía y toleraban sus excesos y maquinaciones hasta que se les iban de las manos.

Loki siempre estaba pensando en nuevos ángulos, que a veces resultaban ventajosos para los dioses, pero a menudo tenían consecuencias desastrosas. Cuando los dioses quemaron a la giganta Angerbotha por bruja, Loki se comió su corazón y, como resultado, quedó preñado. Dio a luz a tres hijos monstruosos que más tarde amenazaron al mundo: el lobo Fenrir, la serpiente Jormungand (la Serpiente de Midgard o Serpiente del Mundo) y la diosa Hel.

Odín arrojó a la serpiente a las profundidades del mar que rodeaba el mundo y puso a Hel en el inframundo para que fuera su reina. Los Aesir lograron atar al enorme Fenrir, pero el dios Tyr perdió su mano derecha en el esfuerzo.

Según la "Prose Edda", fue Loki quien ideó un plan para engañar al arquitecto y constructor de Asgard, un gigante, en su pago. Asumiendo la forma de una yegua, Loki sedujo al semental del gigante, Svadilfæri. El caballo era esencial para completar la obra a tiempo, y el devaneo retrasó la tarea del gigante. En este caso, los dioses agradecieron la intervención de Loki, pues si el gigante hubiera terminado a tiempo, habrían tenido que entregarle el sol, la luna y la hermosa diosa Freya. Como resultado de este episodio, Loki, como yegua, dio a luz al caballo más veloz del mundo, el Sleipnir de ocho patas.

Loki participó en la desaparición de la diosa Idunn. La atrajo fuera de Asgard para que fuera secuestrada por el gigante Thiassi. Como Idunn era la guardiana de las manzanas doradas de la juventud, que los dioses necesitaban comer para no envejecer, estaban ansiosos por recuperarla, y por ello obligaron a Loki a utilizar sus trucos y su magia para recuperarla de Jotunheim (Giantland).

Loki ayudó a Thor a engañar al gigante Thrym, que había robado el martillo mágico del dios del trueno, Mjolnir. Thrym quería cambiar el martillo por Freya, y el propio Thor fue en su lugar, haciéndose pasar por la bella diosa. Loki le acompañó, disfrazado de la doncella de Freya. Las rápidas respuestas de Loki a las preguntas de Thrym sobre la novia evitaron que se descubriera la treta demasiado pronto.

Loki era un ladrón experimentado. Robó el famoso collar Brisingamen de Freya y lo escondió en el mar. Se enfrentó al dios Heimdall en una batalla por él en la que ambos asumieron la forma de focas. El brillante dios Heimdall, vigilante de los dioses, era un adversario particular de Loki.

Su animosidad iba a culminar en el Ragnarok, la batalla del fin del mundo, cuando los dos dioses entrarían en combate mortal y se matarían mutuamente.

En otra historia, Loki cortó el hermoso cabello rubio de la esposa de Thor, Sif. Thor estaba dispuesto a matarlo, y Loki, temeroso pero siempre intrigante, prometió hacer a Sif una cabeza mejor de pelo de oro puro que enraizaría y crecería como el pelo de verdad.

Tras calmar la ira de Thor con esta promesa, Loki acudió a los Hijos de Ivald, enanos de la forja. Les hizo fabricar no sólo la cabellera de oro para Sif, sino también un barco mágico, Skidbladnir, y una lanza mágica, Gungnir, que más tarde perteneció a Odín. Pero a Loki le gustaba apostar, y apostó con otros dos herreros enanos, Brokk y Sindri, que serían incapaces de forjar objetos comparables a los realizados por los Hijos de Ivald. Brokk y Sindri forjaron entonces el anillo mágico Draupnir, un jabalí de oro, y Mjolnir, el martillo mágico que Thor utilizaría siempre. Pero mientras trabajaban, Loki, que se había disfrazado de mosca, los picaba continuamente para distraerlos y poder ganar su apuesta.

Cuando los dioses vieron todos estos maravillosos objetos, declararon que Brokk y Sindri habían ganado. Loki desapareció, pero Thor lo atrapó. Brokk quiso decapitar al dios embaucador, pero al final Loki lo convenció simplemente de coserle los labios para que no pudiera seguir hablando rápido para salir de las dificultades. Sin embargo, Loki sacó con dolor los hilos de sus heridas y quedó libre para volver a mentir, y los dioses fueron los beneficiarios de las maravillosas creaciones mágicas que habían hecho los enanos.

En algunas historias, Loki es simplemente demasiado inteligente para su propio bien; en otras, realiza actos terribles por pura malicia, celos y rencor.

Un poema de la "Edda Poética (o Antigua)" describe cómo Loki se entrometió en un banquete ofrecido por el dios del mar Aegir para todos los dioses y diosas. No había sido invitado, pero como era educado, le dejaron quedarse. Entonces empezó a insultar con saña a cada una de ellas, por muy conciliadoras que se mostraran.

Como Loki conocía la mayoría de sus secretos, pudo avergonzarlos a todos de verdad. Finalmente, la esposa de Thor, Sif, le ofreció un tazón de hidromiel y le pidió que dejara de insultar. Loki se lo bebió, pero entonces reveló que una vez había tenido un encuentro sexual con Sif. Inmediatamente apareció Thor, dispuesto de nuevo a matar a Loki, y éste comenzó a insultarle también. Finalmente, temiendo que Thor cumpliera su amenaza, Loki se marchó, todavía de mal humor, diciendo que los dioses no volverían a celebrar un banquete semejante y maldiciendo al anfitrión, su casa y todas sus posesiones con la afirmación de que todo ardería. Esta mención a la destrucción por el fuego fue un presagio del papel de Loki como líder de las fuerzas del mal en el Ragnarok.

Sin embargo, la acción más terrible de Loki antes del fin del mundo fue causar, mediante engaños y pura malicia, la muerte de Balder, el hermoso y pacífico hijo de Odín, al que todos los demás dioses querían mucho. Loki se disfrazó de anciana y engañó a la madre de Balder, Frigg, para que le revelara la debilidad de Balder, y luego engañó al hermano ciego de Balder, Hod, para que matara al inocente dios.

Tras la muerte de Balder, Loki, disfrazado de una giganta llamada Thokk (Gracias), fue la única criatura del universo que se negó a llorar la muerte de Balder, y esto significó que Balder tendría que permanecer en Hel hasta el fin del mundo.

Esta vez Loki había ido demasiado lejos, y los dioses, en su dolor e ira, tuvieron que castigarlo. Sabiendo que vendrían a por él, Loki huyó de Asgard y se escondió en una montaña. En su cima construyó una casa como mirador desde la que podía ver en todas las direcciones. Pero a menudo se convertía en salmón y se escondía en una cascada llamada Franang (o Franangr). Odín no tardó en espiar el escondite de Loki desde el trono de su elevada torre, Hlidskjalf, y los dioses fueron tras él con una red de pesca.

Al principio Loki pudo evitarla, pero Thor, con su gran fuerza, vadeó por el medio del río hasta que la red casi llegó al mar. Finalmente Loki, como el salmón, no tuvo más remedio que saltar por encima de la red, y mientras lo hacía, Thor se agarró a su cola.

Una vez capturado, Loki fue llevado a una cueva profunda. Los dioses tomaron tres losas de piedra, las pusieron de canto e hicieron un agujero en cada una. Enviaron a buscar a los hijos de Loki, Vali y Nari (o Narfi).

Los dioses convirtieron a Vali en un lobo, e inmediatamente hizo pedazos a su hermano. Entonces los dioses tomaron las entrañas de Nari y las utilizaron para atar a Loki a través de las piedras, con una piedra bajo sus hombros, otra bajo sus lomos y otra bajo la parte posterior de sus rodillas. Una vez atadas, estas cuerdas se convirtieron en hierro.

La giganta Skadi llevó una serpiente venenosa a la cueva y la colocó sobre la cabeza de Loki para que su veneno goteara sobre su rostro. Allí lo dejaron, y allí se quedaría hasta el momento del Ragnarok, cuando se liberaría de sus ataduras, convocaría a todas las almas desdichadas de Hel y lideraría las fuerzas del mal en la batalla contra los dioses. Pero hasta entonces permanecería atado, con su fiel esposa, Sigyn, sosteniendo una palangana sobre él para recoger las gotas de veneno.

Cuando la palangana se llenaba, ella iba a vaciarla, dejando que el veneno goteara durante un breve tiempo sobre la cara de Loki. En esos momentos, Loki se retorcía de sus ataduras y se sacudía con tanta fuerza en su agonía que hacía temblar la Tierra. Esta era la explicación nórdica para el fenómeno de los terremotos.

Preguntas de investigación

1) ¿Cómo puede afectar la personalidad de Loki a su capacidad para realizar tareas complejas?
2) ¿Cómo se compara Loki con otros dioses nórdicos?
3) ¿Cuáles son los tres aspectos positivos de Loki, sus hijos y/o su familia?
4) ¿En qué tipo de forma se presenta Loki más a menudo a los humanos en la Tierra?

Odín

También llamado Othin, Wotan, Woden, Wuotan, Voden o Votan.

Dios de la sabiduría, la guerra, la magia, la poesía, la profecía, la victoria y la muerte

Los romanos no identificaban a Odín con Júpiter, sino con Mercurio. Así, el "día de Mercurio" (en latín tardío, dies Mercurii, en francés mercredi) pasó al inglés antiguo como "día de Woden", del que deriva la palabra inglesa moderna Wednesday.

Odín es el principal dios de los Aesir, gobernante del cielo y la Tierra, y el dios de la guerra, la sabiduría y la poesía. Junto con sus hermanos Vili y

Ve, mató al gigante de la escarcha Ymir y utilizó su cuerpo para crear todos los reinos del mundo, así como el mar y el cielo.

Los hermanos también crearon los primeros seres humanos, Ask y Embla. Odín era el jefe supremo de los Aesir, una sociedad de dioses guerreros, y aunque otros dioses eran más jóvenes, más guapos e incluso más fuertes físicamente, los poderes y la sabiduría de Odín eran lo más importante. En la guerra, Odín decidía el destino de todos los guerreros. También se le llamaba Padre de todo.

La figura de Odín se sitúa en el centro de una compleja genealogía mitológica. Su abuelo Buri fue un ser primordial formado a partir de un bloque de hielo lamido por la vaca primordial Audhumia en el principio de los tiempos. Su padre era el hijo de Buri, Bor, y su madre la giganta Bestla.

La esposa de Odín era Frigg, y juntos fueron considerados los padres de los dioses Aesir. Odín tuvo muchos hijos, como Thor, Balder, Hod, Hermod, Heimdall, Vidar y Vali. A través de su hijo Sigi, Odín fue el ancestro de la dinastía de los Volsung de la leyenda heroica.

Por parte de Odín, Frigg era la madre del hermoso dios Balder, pero la madre del primogénito de Odín, Thor, era Jorth (también deletreada Jord o Iord), la Madre Tierra. Jorth era también la madre de las hijas de Odín, las Valkirias. El nombre alternativo de Odín, Padre de Todo, sugiere un antiguo emparejamiento de un dios del cielo con una diosa de la tierra, una idea apoyada por las historias de tal unión con Jorth. La giganta Rind (o Rinda) fue la madre de Vali, y la giganta Grid la madre de Vidar.

A Odín también se le llamaba el Dios Cuervo. Tenía un trono, Hlidskjalf, en una torre de vigilancia en el reino celestial de Asgard, desde el que podía ver todo lo que ocurría en los nueve mundos del universo, y nada escapaba a su mirada.

Odín se sentaba en este elevado trono con dos cuervos, Huginn (Pensamiento) y Muninn (Memoria), posados sobre sus hombros. Enviaba a estos pájaros a recorrer el mundo cada día, y ellos volvían para susurrarle al oído todo lo que habían visto. Odín también viajaba por el mundo adoptando otras formas, como la de un pájaro, una serpiente, un pez u otra bestia, y podía desplazarse, como un espíritu, mientras su cuerpo dormía.

Físicamente, Odín era representado como un hombre mayor pero todavía apuesto, que cabalgaba hacia la batalla con un casco dorado y una cota de malla. Pero a menudo se le representaba, sobre todo cuando viajaba por el mundo de los humanos, como un hombre de barba gris con un solo ojo, que llevaba un sombrero de ala ancha y portaba un bastón.

Su rostro podía cambiar con el espectador: parecía tan noble entre sus amigos que se alegraban al verlo, pero para sus enemigos aparecía temible y terrible. Poseía una lanza mágica, Gungnir, que, una vez lanzada, no se detenía hasta que alcanzaba su objetivo. Poseía un anillo mágico de oro llamado Draupnir, forjado por los maestros artesanos, los enanos Brokk (o Brokkr) y Sindri. Cada nueve noches, Draupnir producía ocho anillos más como él. El corcel de Odín era el poderoso caballo gris de ocho patas Sleipnir (Resbaladizo), el más rápido del mundo.

En su función de dios de la guerra, Odín era también un dios de los muertos, y empleaba a sus siervas, las valkirias, para que recogieran las almas de los guerreros más valientes cuando morían en el campo de batalla y las condujeran al Valhalla, su sala de banquetes en Asgard.

Aquí estas almas, llamadas Einherjar, disfrutarían de una interminable abundancia de comida, bebida y juerga, y practicarían sus habilidades de lucha hasta el momento del Ragnarok, la batalla del fin del mundo, cuando lucharían con Odín como líder contra todas las fuerzas del mal. Odín presidía los banquetes en el Valhalla, pero él mismo no comía. El vino era para él tanto comida como bebida. Daba su carne a sus dos lobos, Geri (Codicioso) y Freki (Feroz).

Odín no dejaba de incitar a las luchas para conseguir más héroes para el Valhalla. Siempre tomaba partido en un conflicto, y era capaz de romper los juramentos para conseguir lo que quería. En la guerra podía paralizar a sus enemigos con el miedo o confundir sus sentidos. Era el dios de la caza salvaje, y cuando los cielos tormentosos de Escandinavia parecían vibrar con el sonido de cascos galopando furiosamente, se creía que era Odín quien despertaba en la gente la pasión por la sangre.

Según el historiador romano Tácito, los germanos ofrecían sacrificios humanos a este aspecto de su dios guerrero. La manifestación más extrema de Odín en el mundo real de la batalla apareció como los Berserkers (o Berserksgangr), guerreros que habían hecho un juramento sagrado a Odín.

Según la mitología tanto de la Edda Poética (o Antigua) como de la Edda en Prosa (o Joven), en el momento del Ragnarok, Odín saldría del Valhalla al frente de los Einherjar, con Thor a su lado. En la batalla entre los dioses y las fuerzas del mal, sería engullido por el monstruoso lobo Fenrir, pero su muerte sería inmediatamente vengada por su hijo Vidar, que mataría a la malvada bestia.

Puede parecer extraño para la mente moderna que Odín pueda ser al mismo tiempo el dios de la guerra furiosa, de la sabiduría más profunda y del arte de la poesía, pero para la sociedad guerrera de los vikingos, estas características estaban vinculadas. La sabiduría de Odín no era algo dado, sino algo que había adquirido a través del dolor y el sacrificio.

Odín era consultado para pedir consejo y ayuda tanto en la paz como en la guerra. Se había vuelto omnisciente al beber de la fuente sagrada de la sabiduría, el pozo custodiado por Mimir que se encontraba bajo una de las raíces del gran Árbol del Mundo, Yggdrasil. Mimir accedió a que Odín bebiera una sola vez de estas aguas, pero tuvo que dejar uno de sus ojos allí como prenda. A partir de entonces, aunque Odín sólo tenía un ojo, veía con más claridad que nadie, tenía un conocimiento intuitivo del pasado y podía prever el futuro.

Otra fuente de sabiduría de Odín fue la gran prueba que emprendió colgándose de Yggdrasil, el árbol cósmico que conectaba y sostenía todos los reinos del mundo. Estuvo a punto de morir en esta prueba. Tras nueve días y noches colgado atravesado por una lanza en una herida autoinfligida, según la Edda Poética, se consagró a sí mismo, descubrió el secreto de las runas sagradas y se convirtió en el maestro de los hechizos mágicos y la sabiduría oculta.

Odín rejuveneció gracias a su sacrificio voluntario. Ygg (El Terrible) era otro de los nombres de Odín, e Yggdrasil significa "caballo de Odín", quizás porque el árbol lo sostenía mientras se ahorcaba. Como se colgaba del árbol cósmico, se le conocía como el Señor de la Horca, un poderoso mago que podía hacer hablar a los ahorcados y enviaba a sus cuervos para que se comunicaran con ellos. A veces se ahorcaba a la gente en un culto ritual por este aspecto del dios.

Por su sacrificio y renovación a través de los signos rúnicos, Odín era también un dios del poder mágico de las palabras. Los videntes y los magos buscaban su ayuda para crear inscripciones rúnicas que aportaran protección divina. Su vínculo con la poesía esquelética se basaba, según la Prose Edda, en el robo de un hidromiel mágico que otorgaba sabiduría y el arte de la poesía a quien lo bebía.

Unos enanos habían destilado el hidromiel de la sangre del sabio dios Kvasir, y la receta llegó a manos de un gigante llamado Suttung. Odín, bajo el nombre de Bolverk, intentó intercambiar su trabajo con el gigante Baugi, hermano de Suttung, a cambio de un trago del hidromiel mágico. Baugi estaba dispuesto, pero Suttung se negó a conceder a Bolverk ni siquiera una gota del hidromiel.

Con la ayuda de Baugi, Bolverk abrió un agujero en la montaña donde se guardaba el hidromiel, se transformó en serpiente y se arrastró por el agujero. Baugi, que había tratado de engañarlo, lo apuñaló pero falló. Dentro de la montaña, la hija de Suttung, Gunnlod, custodiaba el hidromiel. Odín sedujo a Gunnlod. Pasó tres noches con ella y le permitió beber tres tragos de hidromiel de los tres calderos mágicos, Odherir, Bodn y Son, en los que se guardaba.

Al tercer trago se había consumido todo el hidromiel. Entonces se transformó en águila y voló tan rápido como pudo de vuelta a Asgard, con el hidromiel sagrado en su buche. Suttung lo persiguió, también en forma de águila. Cuando los Aesir vieron que Odín volaba hacia ellos, pusieron en el patio recipientes para guardar el hidromiel, y cuando Odín llegó sobre Asgard lo escupió en los recipientes. Algunas gotas salpicaron el mundo, pero a los Aesir no les importó. Esas gotas se convirtieron en la parte de los poetas y rimadores. Así, los mortales pudieron aprender y dominar el arte esdrújulo.

Muchas obras de la literatura nórdica que se conservan hacen referencia a Odín y a sus hazañas. La Edda Poética, escrita en Islandia en torno al año 1000 d.C., contiene una capa llamada Havamal (Palabras del Alto), una colección de sabios y consejos en forma poética que probablemente se reunieron en Noruega durante los siglos IX y X.

Fueron escritos desde la perspectiva del propio Odín. Este recurso literario apoyaba su posición como dios de la sabiduría y la poesía. En la tradición esquelética, la poesía se llamaba "sangre de Kvasir", "botín de Odín" o "regalo de Odín".

Preguntas de investigación

---

1) ¿Crees que Odín (o cualquier otro Dios) camina entre nosotros como político o líder?
2) ¿Cómo crees que es vivir bajo el dominio de Odín como un Einherjar (o guerrero de élite especializado en el Valhalla)?
3) ¿Cómo se convirtió Odín en el rey de los dioses y diosas nórdicos?
4) ¿Qué opinas de la personalidad de Odín?

Sol y Mani
Personificación del sol y la luna

Sol y Mani son el Sol y la Luna, o más exactamente, los seres que conducían al Sol y a la Luna en sus recorridos por el cielo. Sol y Mani eran hermana y hermano, y ambos eran bellos y hermosos.

Después de que los dioses crearan el cielo, hicieron el Sol con chispas fundidas que habían salido del reino ardiente de Muspelheim, y lo pusieron en el cielo para iluminar el mundo. Por alguna razón, los dioses se enfadaron con Sol y Mani, o con su padre, Mundilfari, y tomaron a ambos para guiar al Sol y a la Luna en sus caminos.

Sol se vio obligada a conducir el carro del Sol y a guiar a sus dos caballos, Arvak y Alsvinn. Sol tuvo que viajar a gran velocidad, perseguida por un lobo llamado Skoll que acabaría devorándola.

El niño, Mani, se vio obligado a guiar el curso de la Luna. También controlaba su creciente y menguante. Según algunos relatos, el propio Mani secuestró a dos humanos, una niña llamada Bil (menguante) y un niño llamado Hiuki (creciente), hijos de Vidfinn, cuando salían de un pozo llamado Byrgir. A partir de entonces, les obligó a viajar con él, como se podía ver en las fases de la Luna. También Mani tuvo que viajar rápidamente, porque el sabueso de la Luna, Hati Hrodvitnisson, le seguía en su persecución.

Los vikingos creían que cuando los dos lobos alcanzaran al Sol y a la Luna, se los tragarían y todas las estrellas desaparecerían del cielo. Sería una señal de que el Ragnarok, la batalla entre las fuerzas del bien y las del mal, estaba a punto de comenzar, y que el fin del mundo estaba cerca.

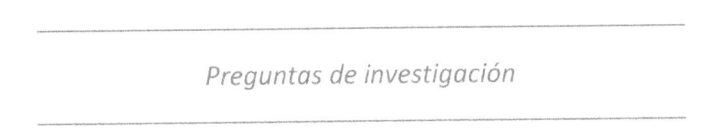

Preguntas de investigación

1) ¿Qué opinas de los roles de género presentes en la sociedad nórdica?
2) ¿Quiénes son tus favoritos de todas las deidades nórdicas?

Sigi
El antepasado del linaje de los Volsung

Sigi es hijo del dios principal, Odín, y abuelo del valiente guerrero Volsung, que da nombre a la línea de héroes Volsung, entre los que se encuentran Sigmund y Sigurd. Odín engendró a Sigi en uno de sus muchos escarceos amorosos.

Sigi creció siendo un forajido y un asesino, pero más tarde llegó a ser un rey. Antes de morir, engendró a Rerir, que se convirtió en el padre de Volsung. La historia de la familia se relata en la epopeya escandinava en prosa "Volsunga Saga".

Preguntas de investigación

1) ¿Alguna vez has deseado que hubiera más dioses y diosas nórdicos?
2) ¿Hay algo único en Sigi que valore?

Thor

También se escribe Thorr, Thunor, Thonar, Donar, Donner, Thur, Thunar o Thunaer.

Dios de la fuerza, la protección, la guerra, las tormentas, los truenos y los relámpagos

El jueves, el quinto día de la semana, recibió el nombre de Thor; se cree que el nombre deriva de Júpiter Tanarus, el Júpiter Tronador, una deidad celta.

Thor es el dios del trueno y del cielo. Thor era el hijo mayor de la deidad principal, Odín, y Jorth. Era el segundo en importancia después de Odín y probablemente el dios más popular del panteón nórdico.

El Thor de barba roja era representado como muy alto, musculoso y vigoroso. Se le consideraba bondadoso, valiente, benévolo y siempre dispuesto a luchar. Su capacidad para comer y beber en grandes cantidades aparecía en varias leyendas.

Thor era el principal campeón de los dioses en Asgard y el principal protector de los humanos en Midgard contra los gigantes, los trolls y otros seres malignos. Él, más que ningún otro dios, estaba siempre atento a los gigantes y demonios que amenazaban a dioses y humanos. Su voz retumbante y sus ojos centelleantes provocaban el terror en sus enemigos. Se irritaba con facilidad y, cuando se enfurecía, era capaz de aplastar a sus adversarios hasta la muerte con Mjolnir (Miller), el martillo mágico que siempre llevaba consigo.

Thor era muy venerado por los guerreros nórdicos, pero también por los agricultores y campesinos por su capacidad de crear lluvia para las cosechas. La imagen del martillo de Thor se utilizaba como símbolo de fertilidad en los matrimonios (por su relación con la lluvia y el crecimiento de las cosechas) y como símbolo de renacimiento en los entierros de la religión nórdica. Su imagen, siempre representada con su martillo, era habitual en el arte escandinavo y en las inscripciones rúnicas.

Thor era sin duda el mejor luchador y el más fuerte de los dioses. Vivía en una región del cielo llamada Thrudvangar. El salón de su castillo, llamado Bilskirnir (Rayo), tenía 540 habitaciones. Utilizó el martillo Mjolnir en muchas leyendas contra gigantes de la escarcha y ogros.

Esta arma invencible, que producía rayos, tenía un mango corto y cuando se lanzaba siempre volvía, como un bumerán, a la mano de Thor. Era tan poderosa que Thor tenía que llevar unos guantes de hierro especiales para poder agarrarla.

La esposa de Thor era Sif, una diosa de la fertilidad de cabellos dorados, con la que tuvo una hija, Thrudr (Fuerza). También fue padre de dos hijos, Modi (Valor) y Magni (Fuerza), de Jarnsaxa, una giganta, y padrastro del hijo de Sif, Ull.

Thor viajaba en un carro tirado por dos cabras, Tanngnjostr (Triturador de dientes) y Tanngrisnir (Triturador de dientes), y cuando se desplazaba por el cielo, producía el estruendo de los truenos, mientras de sus ruedas salían chispas. Si lo deseaba, Thor podía sacrificar las cabras, comer su carne y devolverlas a la vida, siempre que su piel y sus huesos estuvieran intactos.

Thor también poseía un cinturón mágico que, al abrocharlo, duplicaba su fuerza. A menudo le acompañaba en sus hazañas su sirviente Thialfi, un veloz corredor que también actuaba como su consejero. El embaucador dios del fuego Loki también viajaba a menudo con él a las tierras de los gigantes.

Thor emprendió muchas expediciones a Jotunheim, la tierra de los gigantes de hielo. En una de las historias, Thor se despertó un día y descubrió que su martillo había desaparecido.

Un gigante llamado Thrym lo había robado y escondido. El gigante le devolvería el martillo sólo a cambio de tener a la diosa Freya como esposa. Thor se comprometió a hacerse pasar por la diosa, vistiendo sus ropas, su velo y su conocido collar de oro, y acudió al palacio de Thrym con el dios Loki, que se disfrazó de criado de Freya. Thrym quedó complacido y preparó un banquete para la boda.

La novia consiguió devorar un buey entero, ocho salmones, todas las especias y tres barriles de hidromiel. Loki le dijo al asombrado Thrym que Freya había estado tan ansiosa por venir a él que no había comido en una semana. Thrym intentó levantar el velo de Freya para besarla, pero retrocedió al ver que de sus ojos salían chispas.

Loki le tranquilizó de nuevo: Freya no había dormido en una semana de anticipación. Entonces trajeron el martillo y lo pusieron sobre las rodillas de la novia para la consagración ritual. Inmediatamente Thor se deshizo del disfraz y utilizó el martillo para abatir a Thrym y a toda la comitiva de la boda.

Aunque nunca fue vencido en una lucha justa, Thor podía ser conquistado por la magia, como cuando un mago-gigante llamado Utgarda-Loki le retó a una serie de pruebas de sus habilidades. Éstas incluían pruebas de su capacidad de beber y de su fuerza. Thor pensó que no lo había hecho bien cuando le retaron a beber del cuerno de beber del mago, pero no se dio cuenta de que el extremo del cuerno de beber estaba en el propio océano.

A continuación, se puso a prueba su fuerza haciéndole intentar levantar un gato; no sabía que el gato era en realidad Jormungand, la enorme Serpiente de Midgard, cuyas numerosas espirales rodeaban el mundo. También le retaron a luchar contra una anciana marchita; perdió el combate, sin saber que en realidad era la personificación de la vejez, a la que nadie podía superar.

Una vez, durante una expedición de pesca, Thor enganchó a Jormungand y con su fuerza monumental fue capaz de sacar al monstruo del océano. Casi consiguió subir parte de la enorme criatura al barco, aunque ésta le escupió veneno. Sin embargo, no consiguió matar a la serpiente. El gigante Hymir, que iba en la barca con Thor, estaba tan aterrorizado por el tira y afloja entre el dios y el monstruo que cortó el sedal justo cuando Thor estaba a punto de romperle el cráneo con su martillo, y la serpiente volvió a hundirse en las profundidades.

Thor estaba destinado a luchar de nuevo contra la serpiente Jormungand en el momento del Ragnarok, el fin del mundo. Según la Edda Prosa (o Joven), en ese fatídico momento, el mejor luchador entre los dioses lograría matar a la serpiente, pero estaría demasiado ocupado luchando contra ella para ayudar a su padre Odín, que moriría luchando contra el feroz lobo Fenrir. El propio Thor moriría por el veneno que la serpiente le escupió, después de alejarse sólo nueve pasos del cuerpo de la serpiente.

Preguntas de investigación

1) ¿Cuáles son las similitudes entre Thor y Zeus?
2) ¿Por quién emigrarías a Asgard si te dieran a elegir entre Thor u Odín (o ambos)?
3) ¿Qué es lo que caracteriza a Thor, entre otras cosas?

4) ¿Prefieres la versión nórdica de Thor o la versión cinematográfica de Thor?

Mjolnir

También se escribe Mjollnir.

El martillo mágico de Thor

Mjolnir (Miller), producía rayos y era el arma indispensable de Thor contra los enemigos de los dioses y los hombres. Con él, Thor era invencible en las batallas contra los gigantes de la escarcha, los gigantes de las montañas, los ogros de las colinas, los trolls y otros monstruos y demonios que amenazaban el cielo y la Tierra.

Después de ser lanzado, el martillo volvía, como un boomerang, a la mano de Thor. Tenía un par de guantes mágicos de hierro que siempre llevaba cuando empuñaba Mjolnir, ya que sin ellos no podría agarrar el poderoso asta del martillo. Los nórdicos creían que cuando el suelo era alcanzado por un rayo, Thor enviaba su martillo a la tierra.

Mjolnir fue forjado por un enano llamado Sindri. Mientras lo creaba, Loki, el dios del fuego embaucador, se disfrazó de mosca e intentó interferir en el trabajo de Sindri zumbando a su alrededor. Como resultado, el mango de Mjolnir era inusualmente corto. Sin embargo, un golpe del martillo de Thor era tan poderoso que provocaba una muerte instantánea.

Aunque Mjolnir podía ser el portador de la muerte, también era un símbolo de vida y fertilidad en relación con la influencia de Thor sobre las lluvias y, por extensión, las buenas cosechas. Traía bendiciones durante el matrimonio al alejar los poderes malignos de la pareja y al prometer fecundidad a la novia.

La imagen del martillo de Thor se ha encontrado en muchas estelas funerarias, grabados rupestres y piedras con inscripciones rúnicas. Durante los primeros tiempos del cristianismo en Escandinavia, es posible que también se utilizara como señal de protesta contra la ley que establecía que sólo se podía representar la cruz de Cristo en los monumentos.

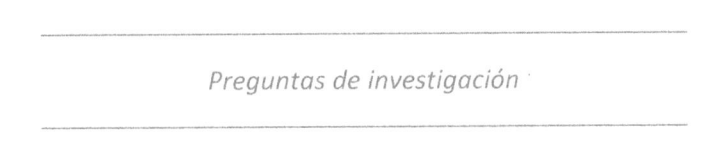

Preguntas de investigación

1) ¿Has visto alguna vez el martillo de Thor en la televisión?
2) ¿Preferirías tener un Mjolnir con un solo uso o una manzana con una fruta de vida interminable?
3) ¿Cómo se pronuncia Mjölnir?

Tyr

También se escribe Tiw.

Dios de la guerra, de la justicia en la batalla, de la victoria y de la gloria heroica

La palabra inglesa Tuesday procede del nombre Tyr, y la palabra alemana para el martes, Dienstag, está vinculada al dios, al igual que la antigua palabra nórdica thing, que significa asamblea de guerreros.

Tyr es un dios de la guerra y del valor. Hijo del dios principal Odín, Tyr perdió su mano derecha al ser mordida en la muñeca por el monstruoso lobo Fenrir. Según la "Edda prosa (o joven)", Tyr era el más valiente de los dioses, y tenía un gran poder sobre la victoria en las batallas.

Aunque hoy se sabe poco de su culto, se cree que Tyr es el más antiguo de los dioses del noroeste de Europa. No se discute su importancia para los primeros pueblos germánicos, pero es difícil determinar su función y significado precisos. Su nombre se ha asociado a los dioses romanos Júpiter y Marte, y a las asambleas en las que los guerreros resuelven las disputas.

También se sabe que Tyr tenía algo que ver con la magia rúnica y el carácter sagrado de los juramentos. A medida que la importancia de Odín comenzó a aumentar en el panteón nórdico, a partir del siglo I d.C., la probable posición de Tyr como dios principal quedó eclipsada.

Su función como dios de la batalla también disminuyó con la creciente popularidad de Thor. En la época de la "Edda en prosa", Tyr era conocido como un dios al que debían rezar los "hombres de acción", y se le asociaba principalmente con el mito de la correa del lobo Fenrir.

Según esa leyenda, cuando Fenrir era todavía un cachorro, Tyr emprendió la peligrosa tarea de alimentarlo. Creció tan rápidamente que los dioses se dieron cuenta de que podía destruirlos. Intentaron encadenarlo con el pretexto de probar su fuerza, pero en dos ocasiones el lobo rompió los grilletes.

Finalmente, los dioses encargaron a los enanos que forjaran una cadena más fuerte, y produjeron un cordón mágico, Gleipnir. Fenrir desconfiaba, con razón, de este cordón -que, a diferencia de los otros grilletes, era delgado como una cinta-, pero en lugar de que se cuestionara su valor, dijo que dejaría que se lo pusieran si alguien le ponía al mismo tiempo la mano en la boca como prenda de buena fe. Ninguno de los dioses, por supuesto, quiso hacerlo.

Entonces Tyr se adelantó y en silencio puso su mano derecha en la boca del lobo. Sólo entonces el lobo se dejó atar. Fenrir pataleó y se esforzó en el vínculo y se dio cuenta de que no podía romperlo, y de que los dioses no lo dejarían suelto.

Se dio cuenta de que le habían engañado y cerró su boca sobre la mano de Tyr, mordiéndola. Esta mutilación sacrificial, hecha por el bien del mundo, demuestra la conexión de Tyr con el cumplimiento de los juramentos.

En el Ragnarok, la batalla entre dioses y demonios que debía tener lugar en el fin del mundo, Tyr estaba destinado a matar -y al mismo tiempo a ser matado- por Garm, el sabueso de Hel, la diosa del inframundo.

Preguntas de investigación

1) ¿Qué opinas de Tyr?
2) Si se te diera la oportunidad de conocer a cualquier dios nórdico, ¿irías?
3) Si tuvieras que emparejar a una diosa nórdica y a un gigante nórdico, ¿quiénes serían?

Ull

También se escribe Ullr.

Un dios asociado a los esquís y al arco

Ull es un dios cazador. Era hijo de Sif, casada con el dios del trueno, Thor. Era un excelente arquero y esquiador con raquetas de nieve, y era el dios al que había que invocar cuando se iba a entablar un combate individual.

Aunque no se sabe mucho sobre Ull, hay pruebas de su culto en amplias zonas de Escandinavia, sobre todo en las provincias centrales de Suecia y Noruega. Era físicamente apuesto y noble. Su nombre significa "magnífico". Según un mito, en una época Ull había reinado como deidad principal durante un periodo de diez años mientras el dios principal, Odín, era desterrado por los demás dioses por sus devaneos románticos. A la vuelta de Odín, Ull fue a Suecia y aprendió el arte de la magia.

Ull se convirtió en un mago tan poderoso que era capaz de navegar por el mar en un hueso que había grabado con signos mágicos. Su deporte favorito, sin embargo, era perseguir la caza con arco y flecha por las montañas con sus veloces raquetas de nieve.

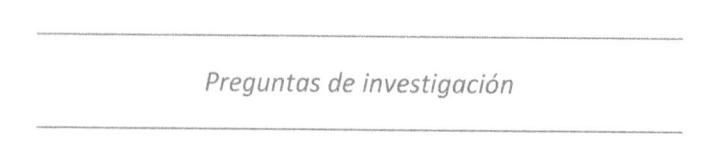

Preguntas de investigación

---

1) Nombra uno de los rasgos de Ull
2) ¿Tienes algún mito nórdico o leyenda nórdica favorita relacionada con la agricultura o la vida agrícola?

Vali

También se escribe Ali.

Dios de la venganza

Vali es hijo del dios principal, Odín, y de una giganta llamada Rinda. Aunque no se sabe mucho sobre él, según la "Edda prosa (o joven)", era audaz en la batalla y un excelente tirador.

Vali llegó a la edad adulta en un solo día. Nunca se lavó las manos ni se peinó. Vali mató al dios ciego Hod, otro hijo de Odín, para vengar la muerte del dios bueno y bello Balder, al que Hod había sido engañado para que lo matara el embaucador dios del fuego Loki. De ahí que se asocie a Vali con los actos de venganza.

Se creía que Vali, junto con su hermano Vidar y dos hijos de Thor llamados Modi y Magni, eran los únicos dioses que sobrevivirían al Ragnarok, la batalla del fin del mundo.

Preguntas de investigación

---

1) ¿Conoce algún otro escrito o película famosa que reimagine el mundo durante un escenario de la época vikinga?
2) ¿Qué opina sobre el futuro de la mitología nórdica, ya que ha sido una de las mitologías más utilizadas en la cultura popular?

Vili & Ve

También llamado Lothur.

Dioses de la Tierra

Odín, Vili y Ve, los tres hijos de Bor y la giganta Bestla, fueron los primeros dioses Aesir. Eran fuertes, justos y buenos, y libraron una guerra contra el gigante Ymir y su descendencia, los terribles gigantes de la escarcha.

Juntos, Odín, Vili y Ve mataron a Ymir. Tomaron su enorme cuerpo y lo pusieron en medio de Ginnungagap, el abismo que se extendía desde el hielo helado de Niflheim hasta el reino ardiente de Muspelheim. Del cuerpo de Ymir crearon el paisaje del mundo: hicieron la tierra de su carne; las montañas de sus huesos; los cantos rodados y las rocas de sus dientes y nudillos rotos; los lagos, ríos y mares de su sangre; y los árboles y la hierba de su pelo.

Colocaron su cráneo en lo alto de la Tierra para formar el firmamento. Los cerebros de Ymir se convirtieron en las nubes que flotaban dentro de este cielo hecho de calaveras. Cada una de las cuatro esquinas del cielo estaba sostenida por un enano; sus nombres eran Este, Oeste, Sur y Norte.

Un día, tras completar esta tarea, los tres Aesir caminaban por la orilla del mar cuando encontraron dos trozos de madera a la deriva: uno de roble y otro de fresno. De ellos, los dioses tallaron dos seres, el primer hombre y la primera mujer.

Odín les dio el aliento y la vida, Vili les dio el entendimiento y el poder de sentir, y Ve les dio el calor y los sentidos humanos del habla, el oído y la vista. Los tres dioses les dieron ropa para vestir. El hombre se llamaba Ask (ceniza) y la mujer Embla (roble), y todos los seres mortales descendían de ellos. Los dioses designaron a Midgard como el lugar donde estos seres mortales podían vivir.

Una historia ligeramente diferente de la creación de la humanidad aparece en la "Edda Poética (o Antigua)". En esta versión, los tres hijos de Bor se llaman Odín, Hoenir y Lothur.

Preguntas de investigación

---

1) ¿Cuántos dioses, diosas y gigantes nórdicos hay en total?
2) ¿Qué dios, diosa o gigante nórdico menos conocido recuerdas?

Vidar

También se escribe Vithar.

Dios de la Venganza

Un dios fuerte y silencioso que era hijo del dios principal Odín, y que estaba destinado a sobrevivir al Ragnarok, la batalla del fin del mundo. Aunque no se sabe mucho sobre Vidar, según la "Edda prosa (o joven)", tenía casi la misma fuerza que Thor y era una fuente de gran apoyo para los demás dioses en cualquier tipo de peligro.

Durante el Ragnarok, el monstruoso lobo Fenrir se tragaría a Odín y lo mataría. Inmediatamente, Vidar se acercaría y pisaría la mandíbula inferior del lobo.

En el pie con el que pisaba la mandíbula; llevaría un zapato para el que se recogió el material a lo largo del tiempo. El zapato estaría hecho con los trozos de la punta y el talón que se cortaban y se desechaban cuando se fabricaban los zapatos de la gente. Por esta razón, se pensaba que cualquier pueblo nórdico que deseara ayudar a los Aesir debía tirar esos trozos.

Con una mano, Vidar mataría al lobo agarrando su mandíbula superior y desgarrando su boca. Luego atravesaría el corazón del lobo con su espada, vengando la muerte de su padre. Vidar sería uno de los pocos dioses que sobrevivirían a la batalla, y a partir de entonces moraría en los lugares sagrados de los dioses en un nuevo mundo.

Preguntas de investigación

1) ¿Qué es lo que más te gusta de Vidar?
2) ¿Conoces alguna historia interesante o tonta sobre dioses, diosas y gigantes nórdicos?

Asynjur

También se escribe Asyniur.

Las diosas de los Aesir, lideradas por Frigg

Nota: Las doncellas de Odín, las Valkirias, también se consideran Asynjur.

Colectivamente, las diosas de la mitología nórdica. En nórdico antiguo, la palabra es la forma femenina de Aesir. Había muchas diosas en el panteón nórdico, pero hoy en día se conserva poca información sobre la mayoría de ellas.

Aunque los pueblos nórdicos concedían gran importancia a las sacerdotisas en sus cultos y un alto valor al consejo de las mujeres, sin embargo la mitología de los vikingos se basaba principalmente en su enfoque cultural de la batalla y los guerreros, y de ahí que la mayoría de las historias que han sobrevivido sean las de los dioses y no las de las diosas.

Algunas de las Asynjur son bien conocidas por derecho propio y se mencionan en mitos nórdicos específicos. A menudo se hace referencia a ellas en su papel de esposas de un dios concreto: Frigg, esposa de Odín; Sif, esposa de Thor; Nanna, esposa de Balder; Skadi, esposa de Njörd; Gerd, esposa de Frey; Sigyn, esposa de Loki; e Idunn, esposa de Bragi. En el caso de la mayoría de los Asynjur, sin embargo, poco o nada más se sabe aparte de sus nombres.

La "Edda prosa (o joven)" islandesa del siglo XIII nombra a Frigg como la más alta de las Asynjur. La diosa de la fertilidad Freya es la siguiente de mayor rango, dice, aunque su origen no está en los Aesir sino en los Vanir.

La "Prose Edda" también nombra a las siguientes figuras como Asynjur: Eir, una excelente médica; Gefiun, una diosa virgen que vela por las vírgenes; Fulla, la confidente de Frigg; Siofn, una diosa del amor y el afecto; Lofn, una diosa que bendice los matrimonios y aboga ante Odín y Frigg por los casos de los amantes a los que se les ha negado el permiso o se les ha prohibido casarse; Var, que escucha los juramentos y los acuerdos privados entre hombres y mujeres y castiga a los que los rompen; Vor, diosa sabia a la que nada se le puede ocultar; Syn, diosa de la negación, que guarda las puertas de los salones y las cierra contra los que no pueden entrar; Hiln, diosa del refugio, cuya tarea es proteger a las personas que Frigg desea salvar del peligro; Snotra, diosa de la sabiduría y la cortesía; Gna, que viaja por el cielo y el mar en su caballo, Hofvarpnir, para cumplir los deseos de Frigga; Sol, que conduce el carro del sol; Bil, la compañera de la luna; la madre de Thor, Iord; la madre de Vali, Rind; y Saga, cuyo nombre significa "historia"."

Preguntas de investigación

---

1) ¿Cuál es el dios o la diosa nórdicos más peligrosos?
2) ¿Se te ocurre algún nombre de dios o diosa nórdica que sea similar a los nombres comunes?

Frigg

También se escribe Frigga.

Diosa del amor, del matrimonio, de la fertilidad, de la familia, de la civilización y profetisa

Los romanos asociaban a Frigg con Venus. Frigg aparece en el ciclo operístico de Richard Wagner "El anillo de los nibelungos" como la diosa Fricka, esposa del dios supremo, Wotan (la versión germánica de Odín)

Frigg es la diosa principal, esposa del dios principal Odín. Su nombre significa "esposa" o "amada", y era la diosa del matrimonio, asociada al amor y la fertilidad. Uno de sus hijos fue el amado pero condenado dios Balder.

En el reino celestial de Asgard, Frigg vivía en un magnífico palacio llamado Fensal. A veces se vestía con el plumaje de halcones y gavilanes, y también podía viajar en la forma de estas aves.

Frigg tenía 11 sirvientas: Fulla, Hlin, Gna, Lofn, Vjofn, Syn, Gefjon, Snotra, Eir, Var y Vor, que ayudaban a la diosa en su papel de diosa del matrimonio y la justicia. A veces se considera que son varios aspectos de la propia Frigg y no seres distintos.

Tanto en la "Edda poética (o antigua)" como en la "Edda en prosa (o joven)", Frigg es nombrada como esposa de Odín y madre de los Aesir. Como esposa de Odín, era la más alta de las Asynjur, las deidades femeninas del panteón nórdico. Aunque Frigg amaba a Odín, se sabe que tuvo alguna aventura ocasional. Odín tampoco era un marido fiel; entre los rivales de Frigg estaban Rind, Gunnlod y Grid.

Frigg también era una vidente que conocía el futuro, pero nunca hablaba de ello, ni siquiera a Odín, aunque éste sabía que tenía ese poder. Frigg no se menciona en profundidad en la literatura que se conserva. Su papel más destacado es el de la historia de la muerte de Balder.

Después de que su hijo Balder empezara a tener sueños en los que corría un gran peligro, Frigg viajó por toda la Tierra, pidiendo a todo el mundo que no hiciera daño a su hijo.

Una vez hechas estas promesas, los dioses comenzaron a divertirse lanzándole armas y flechas por deporte, ya que todo lo que le lanzaban simplemente era desviado. Pero Loki, el dios del fuego embaucador, engañó a Frigg para que le confiara que había exceptuado una joven ramita de muérdago de hacer el voto.

Loki salió inmediatamente y recogió una rama de muérdago, la llevó de vuelta a la asamblea donde los dioses seguían entretenidos lanzando cosas a Balder, y engañó al dios ciego Hod para que se la lanzara a Balder, que murió inmediatamente.

Se cree que Frigg tiene su origen en una diosa de la Tierra mucho más antigua y ampliamente venerada, identificada como Jorth (también deletreada Jörth o Iord), Fjorgyn o Nerthus. En la "Prose Edda", Frigg es identificada como la hija de Fjorgyn (también deletreada Fiorgvin, Fjorgvin o Fiorgyn). A veces se confunde a Frigg con la diosa Freya, ambas deidades del amor y la fertilidad. Otras diosas, de las que no se sabe casi nada, también se identifican con Frigg, incluidas algunas de las nombradas como sus sirvientes: Gefjon, Hlin, Saga y Eir.

Preguntas de investigación

---

1) ¿Cuál es tu diosa nórdica favorita?
2) ¿A qué diosa griega se parece Figg?

Gerd
Diosa de la fertilidad, asociada a la tierra

Gerd es una de las diosas de Asynjur y esposa del dios de la fertilidad Frey. Hija de los gigantes de la montaña Gymir y Aurboda, Gerd era, según la "Edda prosa (o joven)", la más bella de todas las mujeres.

Frey se casó con Gerd después de haber sufrido una larga enfermedad de amor. Frey había visto a Gerd un día mientras estaba sentado en el alto trono de Odín, Hlidskjalf. La vio en la finca de su padre en Jotunheim, la tierra de los gigantes, entrando en un gran edificio. Frey se enamoró profundamente y comenzó a suspirar desesperadamente por Gerd.

Gerd habría muerto de mal de amores si su sirviente Skirnir no se hubiera ofrecido para ir a Jotunheim y pedir la mano de Gerd en nombre de Frey. Sin embargo, a cambio de este peligroso encargo, Skirnir pidió la espada mágica de Frey. Frey accedió y, armado con esta espada, Skirnir pudo enfrentarse a los peligros de Jotunheim.

Las tierras de Gymir estaban bien protegidas: las murallas estaban rodeadas de llamas, y perros feroces y un vigilante patrullaban la puerta. Sin embargo, Skirnir pasó corriendo todos los obstáculos, y Gerd, al oír la conmoción resultante, se acercó a la puerta. Skirnir le dijo por qué había venido y le ofreció regalos -11 manzanas de oro puro y el anillo mágico de Odín, Draupnir- si se casaba con su amo.

Cuando ella se negó, Skirnir blandió airadamente la espada mágica de Frey y amenazó con grabar runas mágicas en un hechizo que enviaría a Gerd a un páramo solitario y la haría desaparecer como un cardo en el hielo. Gerd se asustó y, en un gesto de reconciliación, ofreció a Skirnir un cuenco de hidromiel. Entonces aceptó reunirse y casarse con el dios nueve noches después.

Aparte de su relación con Frey, poco se dice de Gerd en la literatura que se conserva. Gerd tenía una hermana llamada Belli y puede haber sido la personificación de la Aurora Boreal, la aurora boreal.

Preguntas de investigación

1) ¿Cuáles son los temas menos conocidos de las historias nórdicas que sería absolutamente fascinante escuchar?
2) ¿De qué rasgo de personalidad carecen la mayoría de los dioses nórdicos?

Idunn

También se escribe Idun, Ithunn, Ithun o Iduna.

Diosa de la primavera y del rejuvenecimiento

Idunn es la diosa que custodiaba y dispensaba las manzanas de oro de la juventud, y esposa de Bragi, el dios de la poesía. Idunn era una presencia esencial en el reino celestial de Asgard, pues sin sus manzanas los dioses envejecían y enfermaban como cualquier mortal.

Una de las principales leyendas sobre Idunn se refiere a un episodio en el que es secuestrada por el gigante Thiassi. La historia del secuestro y la recuperación de Idunn se relata en la sección "Skaldskaparmal" de la "Edda prosa (o joven)".

En un viaje por las montañas, los dioses Odín, Loki y Hoenir (Vili) tuvieron hambre. Bajaron a un valle y vieron una manada de bueyes, así que cogieron uno de los bueyes y lo pusieron en un horno de tierra. Varias veces, juzgando que la carne debía estar hecha, revisaron el horno, sólo para encontrar que todavía estaba cruda. Un gran águila, sentada en un roble por encima de ellos, dijo que él era el responsable, y que si los dioses le concedían su ración de buey, el horno lo cocinaría. Los dioses aceptaron.

El águila se sentó en el horno e inmediatamente devoró los dos jamones y los dos hombros del buey. Loki se enfadó, cogió una gran pértiga y la lanzó contra el águila con todas sus fuerzas. El águila se apartó de golpe y salió volando con un extremo del palo pegado a su cuerpo y el otro en las manos de Loki. El águila voló de tal manera que los pies de Loki se golpearon contra las piedras, la grava y los árboles, y Loki pensó que le arrancarían los brazos de los hombros. Loki gritó y rogó al águila que lo liberara, pero el águila dijo que Loki nunca se liberaría a menos que jurara solemnemente atraer a la diosa Idunn para que saliera de Asgard con sus manzanas.

Loki aceptó las condiciones. El águila lo liberó y encontró el camino de vuelta a los otros dos dioses, pero no les dijo nada de lo que había ocurrido. A la hora acordada, Loki atrajo a Idunn fuera de Asgard a un bosque, diciendo que había encontrado unas manzanas que creía que ella querría, y le dijo que trajera sus manzanas para compararlas. Entonces llegó el águila. El águila era en realidad el gigante Thiassi disfrazado. Cogió a Idunn y se fue volando con ella a su casa, llamada Thrymheim.

Sin las manzanas de juventud de Idunn, los demás dioses pronto se volvieron grises y viejos. Los dioses celebraron entonces un consejo sobre su misteriosa desaparición y se preguntaron unos a otros cuándo habían visto a Idunn por última vez. Descubrieron que la última vez que la vieron fue con Loki. Loki fue arrestado, llevado al consejo y amenazado de muerte o tortura. Aterrorizado por su vida, dijo que iría en busca de Idunn a Jotunheim (Giantland) si Freya le prestaba la forma de un halcón que poseía.

En esta forma de halcón, voló hacia el norte de Jotunheim y llegó un día a Thrymheim. Thiassi estaba en el mar en un barco, pero Idunn estaba sola en casa. Loki la encontró y la transformó en forma de nuez. La sujetó con sus garras y voló tan rápido como pudo hacia Asgard. Cuando Thiassi llegó a casa y vio que Idunn no estaba, adoptó su forma de águila y voló tras Loki. Voló tan rápido y con tanta fuerza que provocó vientos de tormenta.

Desde Asgard, los dioses pudieron ver cómo se acercaba el halcón con la nuez en la garra, y cómo lo perseguía la enorme águila. El águila lo estaba alcanzando. Salieron de su fortificación y amontonaron montones de virutas de madera.

En cuanto el halcón voló por encima del muro para ponerse a salvo, los dioses prendieron fuego a las virutas de madera. Al no poder frenar con la suficiente rapidez, el águila voló hacia el fuego, y los dioses pudieron matarla dentro de las puertas de Asgard. La muerte del gigante Thiassi fue una hazaña de gran renombre entre los dioses, y en cuanto volvieron a tener las manzanas de Idunn, recuperaron su juventud y su vigor.

Preguntas de investigación

---

1) ¿Cómo describiría la personalidad de una deidad concreta, basándose en un rasgo?
2) ¿Qué historia nórdica ha tenido un mayor impacto en su forma de verse a sí mismo o de relacionarse con sus amigos?

Nanna
Diosa asociada a la alegría, la paz y la luna

Nanna es una diosa y la esposa del hermoso dios Balder. Fue la madre de Forseti, el dios de la justicia. Su nombre significa "madre de los valientes". Poco se sabe de Nanna, salvo su relación con Balder. La "Edda prosa (o joven)" menciona que era hija de Nep, que probablemente era un gigante.

Después de que Balder muriera por las artimañas del dios del fuego Loki, todos los dioses y muchos otros seres se reunieron para un gran rito funerario. Nanna estaba tan afectada por el dolor que se desplomó durante el funeral y murió de angustia. Inmediatamente la llevaron a la pira de Balder en el barco funerario y la depositaron junto a su marido, y ambos cuerpos fueron quemados juntos mientras el barco se echaba al mar.

Todos los dioses estaban tan apenados por la pérdida de Balder que el dios Hermod viajó al inframundo para intentar negociar con la diosa Hel el regreso de Balder al reino celestial de Asgard.

Durante su estancia en Hel, Hermod visitó a los fantasmas de Balder y Nanna. Nanna, que seguía siendo una dama amable y atenta incluso en Hel, le dio a Hermod una túnica de lino para Frigg, la esposa del dios principal, Odín, junto con otros regalos para que se los llevara a los vivos.

Preguntas de investigación

1) ¿Quién fue el más monstruoso de todos los dioses, dioses, diosas o gigantes nórdicos en tu opinión?
2) ¿Cuáles son sus películas favoritas sobre la mitología nórdica?

Sif
Diosa de la cosecha y de la tierra

Sif es la esposa del dios del trueno, Thor. Sif era una giganta, diosa del grano y la fertilidad, y una de las Asynjur. Era la madre de Ull, dios del tiro con arco, del esquí y del combate individual. Sif era la segunda esposa de Thor, y Ull era su hijastro.

El cabello dorado de Sif, que simbolizaba su conexión con la fertilidad de la tierra y la cosecha de grano, era a menudo alabado. Se sabe que era muy vanidosa en cuanto a su belleza.

Según la leyenda, Loki, el travieso y embaucador dios del fuego, le cortó el pelo a Sif mientras dormía (en una versión, se lo quemó). Thor se enfadó tanto que obligó a Loki a sustituir el pelo de Sif por una peluca, elaborada por los enanos y hecha con las más finas hebras de oro.

Algunas autoridades consideran que Sif es el equivalente de la diosa anglosajona Sib y de la teutona Sippia.

Preguntas de investigación

1) ¿Por qué la gente elige adorar a algunos de estos seres más violentos como Odín o Thor?
2) ¿De dónde vienen los gigantes nórdicos?

Sigyn

También se escribe Siguna.

Diosa de la tierra

Sigyn es una de las diosas de Asynjur, y la esposa de Loki, el dios del fuego embaucador. Su nombre significa "Dador de la Victoria". Con Loki tuvo un hijo llamado Nari, o Narfi. Pero no se sabe mucho sobre Sigyn en la literatura que se conserva, excepto en su conexión con el destino de Loki.

La "Edda en prosa (o juvenil)" cuenta cómo el malvado dios Loki, responsable del asesinato del querido dios Balder, fue finalmente capturado por los dioses Aesir. Loki fue llevado a una cueva y atado a tres losas de piedra. La diosa Skadi colocó entonces una serpiente venenosa sobre la cabeza de Loki para que el veneno ardiente goteara sobre su rostro.

Allí Loki estaba condenado a permanecer en sus ataduras hasta el Ragnarok, la batalla final entre las fuerzas del bien y del mal, cuando se liberaría y lideraría a los habitantes del inframundo en la batalla contra los dioses. Hasta ese momento, Sigyn, su fiel esposa, se agazapaba entre él y la enorme serpiente sobre su cabeza.

Sigyn atrapó pacientemente cada una de las gotas de veneno en una palangana. Sin embargo, cada vez que la palangana se llenaba, tenía que vaciarla, y así, durante ese breve tiempo, el veneno caía sobre la frente de Loki y lo abrasaba. Entonces se retorcía en agonía y tiraba de sus ataduras, y la Tierra retumbaba y temblaba por la fuerza. Esta era la explicación nórdica para los terremotos.

Preguntas de investigación

1) ¿Podrías creer en los cuentos y leyendas nórdicas sobre dioses y diosas si hubieras nacido antes? ¿Por qué o por qué no?
2) ¿Por qué tantas historias nórdicas involucran a Loki?

Vanir

Una raza de dioses nórdicos que se enfrentó a los Aesir y posteriormente se reconcilió con ellos

Los Vanir son una de las dos principales razas de dioses. Las historias de la otra raza principal, los belicosos Aesir, han predominado en la mitología nórdica que se ha transmitido a través de la "Edda poética (o antigua)" y la "Edda en prosa (o joven)".

Los Vanir, que estaban más asociados a la agricultura, son por tanto menos conocidos que los Aesir. Sin embargo, aunque estaban subordinados a los Aesir, se cree que los Vanir son anteriores a los Aesir.

Los dioses y diosas vanir eran Boda, Bil, Eir, Fimila, Fjorgyn, Freya, Frimla, Fulla, Gefjon, Gerda, Gna, Hnossa, Horn, Njord, Saga, Sit, Siguna y Vanadis. Las diosas Frigg y Nanna eran Vanir, aunque estaban casadas con los dioses Aesir Odín y Balder. Skadi, esposa de Njord, se cuenta entre las Vanir aunque era hija de un gigante. Algunos estudiosos creen que la palabra Escandinavia proviene de Skadi.

El lugar de residencia de los Vanir era Vanaheim. Allí gobernaban los poderes de la naturaleza, la riqueza, la fertilidad y el comercio. Se ha sugerido que los pueblos entre los que se originaron los dioses Vanir eran marineros, ya que muchos de los Vanir tenían conexiones especiales con el mar.

Según la tradición, hace mucho tiempo los Aesir y los Vanir libraron una guerra. Según un relato, la guerra comenzó cuando los Vanir atacaron a los Aesir porque éstos habían torturado a la diosa Gullveig, una sacerdotisa o hechicera Vanir. Los Vanir, indignados, exigieron una satisfacción monetaria o la igualdad de estatus como dioses.

Pero los Aesir se negaron y declararon la guerra a los Vanir. Ambos bandos lucharon valientemente, pero a pesar de su destreza en el combate, los Aesir sufrieron numerosas derrotas. La mayoría de los relatos dicen que la guerra terminó en una tregua cuando ninguno de los dos bandos pudo obtener una victoria decisiva.

Se acordó que para hacer la paz, cada parte tomaría rehenes de la otra. Así, los dioses aesir Hoenir y Mimir fueron enviados a vivir entre los vanir, mientras que el dios vanir Njord y sus dos hijos, Frey y Freya, se instalaron entre los aesir. Posteriormente, estos dioses Vanir se asociaron con los Aesir.

La paz se restableció simbólicamente mediante un ritual en el que ambas partes escupieron en Odherir, un caldero mágico, mezclando su saliva. De su saliva combinada se formó un dios-poeta llamado Kvasir, que era el más sabio de los sabios. En algunos relatos, Kvasir fue asesinado por enanos; en otros, él mismo era un enano. Su sangre se mezcló con miel y se creó un hidromiel mágico que inspiraba a quien lo bebía a hablar con poesía y sabiduría.

Preguntas de investigación

1) ¿Qué dios o diosa nórdica crees que sería la más difícil de vivir?
2) ¿Quién era la diosa nórdica de las travesuras?

Frey

También se escribe Freyr.

Dios de la agricultura, la prosperidad, la vida y la fertilidad

Frey es un dios de la riqueza y de las cosechas, y dios patrón de Suecia e Islandia. El apuesto Frey tenía poder sobre la lluvia y el sol, las cosechas abundantes, la buena fortuna, la felicidad y la paz. Era hermano de la diosa de la fertilidad Freya. Su padre era Njord, dios del mar, que también gobernaba la prosperidad y las buenas cosechas.

Frey y Freya eran deidades Vanir asociadas a la agricultura y subordinadas a los dioses guerreros Aesir, que estaban asociados a la batalla y la victoria.

Según los mitos, una vez estalló la guerra entre los dioses Aesir y los Vanir. Como parte del tratado de paz hubo un intercambio de rehenes, y Njord, Frey y Freya abandonaron Vanaheim, el hogar de los Vanir, y fueron a vivir con los dioses Aesir en Asgard.

En Asgard, Njord estaba casado con Skadi, hija de un gigante llamado Thiassi, pero según un relato, la madre de Frey y Freya era la propia hermana de Njord, con la que se había casado en Vanaheim antes de convertirse en rehén.

Frey gobernaba el dominio de los elfos. Tenía un caballo mágico llamado Blodighofi (Pezuña Sangrienta). También conducía un carro brillante que podía viajar tanto por aire como por mar, con la misma facilidad de noche que de día. Este carro era tirado por un jabalí de cerdas doradas llamado Gullenbursti. El culto al jabalí se asociaba a Frey; incluso hoy en día, en Suecia, se mantiene la costumbre de hornear pasteles de Navidad con forma de jabalí. En varias fuentes se describe a Frey como el antepasado de la línea de reyes suecos.

El barco mágico de Frey, Skidbladnir, siempre iba directo a su destino y era lo suficientemente grande como para albergar a todos los Aesir en su formación de batalla, pero lo suficientemente portátil como para plegarse en el bolsillo de Frey cuando estaba en tierra.

Frey se casó con Gerd, hija de los gigantes de la montaña Gymir y Aurboda, después de un largo episodio de mal de amores. Frey se aventuró un día a sentarse en el alto trono de Odín, Hlidskjalf, desde el que se podía ver todo por todas partes. En el lejano norte de Jotunheim, la tierra de los gigantes, Frey divisó una gran finca que pertenecía al padre de Gerd.

Frey vio a Gerd entrando en un edificio de allí y quedó abrumado por su belleza. Se enamoró profundamente y comenzó a suspirar desesperadamente por Gerd. Abandonó el trono de Odín, lleno de dolor. Cuando llegó a casa, no quiso hablar, ni dormir, ni beber. Njord pidió a Skirnir, el sirviente de Frey, que averiguara qué le pasaba a su hijo. Frey le confesó a Skirnir que estaba tan lleno de pena por amor a Gerd que no viviría mucho más si no podía tenerla.

Skirnir aceptó ir a Jotunheim y pedir la mano de Gerd en nombre de Frey, si éste le daba su espada, un arma mágica que se balanceaba sola. Skirnir fue a hacer el encargo y consiguió que Gerd aceptara casarse con Frey. Dijo que se reuniría con Frey y se casaría con él en un bosque sagrado llamado Barey nueve noches después. Cuando Skirnir llevó su respuesta a Frey, su corazón se llenó de alegría.

En el momento del Ragnarok, la batalla final entre los dioses y las fuerzas del mal que tendría lugar en el fin del mundo, Frey estaba destinado a ser uno de los primeros dioses en morir; lucharía contra el gigante de fuego Surt y perecería porque ya no tenía su espada mágica.

Preguntas de investigación

1) ¿Qué harías si Frey estuviera frente a ti en este momento?
2) ¿Cuáles son las funciones de Frey en el Panteón Nórdico?

Freya

Freya, también deletreada Freyia, Freyja o Frea.

Diosa de la fertilidad, el amor, la belleza, la magia, la guerra y la muerte

Freya es la diosa del amor, la belleza, la juventud y la fertilidad. Su hermano era Frey, también dios de la fertilidad, y, como su padre, Njord, dios de la riqueza.

Freya, la más bella de las diosas de Asynjur, era considerada la segunda en rango después de Frigg, la esposa de Odín, con quien a veces se la confundía. Freya era también la diosa de una forma de magia, llamada seiyr, que enseñó a Odín y a los demás Aesir.

Al igual que su hermano y su padre, Freya era uno de los dioses agrícolas Vanir en lugar de los dioses guerreros Aesir, pero fue enviada a vivir entre los Aesir en su reino celestial de Asgard como parte de un tratado de paz entre los dos grupos.

En Asgard, Freya vivía en un hermoso palacio llamado Folkvangar (Campo de la Gente), que contenía un gran salón llamado Sessrumnir (Rico en Festines). Al igual que las valquirias, Freya inspeccionaba los campos de batalla para encontrar las almas de los valientes. Viajaba en un carro conducido por dos gatos.

Cuando los guerreros morían en la batalla, ella tenía derecho a la mitad de estas almas; el resto pertenecía a Odín. Freya era la anfitriona de los banquetes en Sessrumnir. A veces también atendía las almas de los héroes en el salón de banquetes de Odín, el Valhalla, junto con las valquirias.

Freya estaba casada con Od (también deletreado Ódr u Odur), del que se sabe poco más, excepto que tuvieron una hija llamada Hnoss, de la que se decía que era tan bella y preciosa como un tesoro. Od estaba a menudo de viaje.

Cuando él se fue, Freya lloró lágrimas de oro puro en su anhelo por él. A veces viajaba en busca de Od y adoptaba otros nombres, como Mardoll (Brillante sobre el mar), Cuerno, Gefn, Syr y Vanadjs, entre la gente que encontraba mientras buscaba a su marido.

Freya tenía fama de tener aventuras sexuales, por lo que a menudo era reprendida. A veces se la llamaba "cabra" por sus aventuras, y la giganta Hyndla comentó que "muchos han robado bajo tu faja".

Como Freya era consumadamente deseable, a menudo era presionada por sus favores. El gigante que construyó la ciudadela de los dioses había insistido en Freya como pago por la tarea, y la diosa estuvo en peligro de tener que cumplir el trato hasta que los dioses Loki y Thor intervinieron. En otro episodio, el gigante Thrym robó el martillo de Thor, Mjolnir, en un intento de cambiarlo por la mano de Freya en matrimonio. Thor, con la ayuda de Loki, se hizo pasar por Freya para engañar a Thrym y recuperar su martillo.

Freya amaba las joyas y los adornos, y su posesión más famosa era el collar de Brisingamen. Por casualidad, vio a los enanos de Brising, que eran hábiles orfebres, hacer este collar, y les ofreció una gran cantidad de oro por él.

Pero los enanos rechazaron el oro. En cambio, su precio era que ella pasara una noche con cada uno de ellos. Ella aceptó. Según un relato, Loki robó el famoso collar de Freya y lo escondió en el mar en un lugar llamado

Singastein. Loki se convirtió en una foca para vigilarlo. Heimdall, el hijo de Odín, el eterno adversario de Loki, también se convirtió en foca y recuperó el collar para Freya.

Las mujeres de alto rango en Escandinavia recibían el título de Freya, o "Señora". Freya era considerada una deidad muy accesible, comprensiva con las oraciones relativas a los asuntos del corazón, y se sabía que era muy aficionada a las canciones de amor.

Preguntas de investigación

1) ¿Cuántas diosas con grandes poderes hay en las mitologías nórdicas?
2) ¿Cuál crees que es la mejor arma que puede tener un dios nórdico y por qué?

Njord

También se escribe Njorth, Niord o Njordr.

Dios del mar, del viento, de la fertilidad y patrón de los pescadores y marineros

Njord es una deidad asociada a la riqueza y la buena fortuna que gobernaba el mar y el curso de los vientos, y por tanto la navegación. Los marineros lo invocaban para que les diera un viaje seguro y una pesca abundante.

Los nórdicos creían que Njord era tan rico que podía conceder grandes riquezas, en tierras y posesiones, a quienes le rezaran. Al estar asociado con el agua y la humedad, también tenía el poder de apagar los incendios no deseados.

Njord era el padre del apuesto dios Frey, también asociado a la riqueza, y de la bella diosa de la fertilidad Freya. Aunque se contaba entre los dioses Aesir, cuyo jefe era el guerrero Odín, Njord era originalmente uno de los dioses Vanir asociados a las sociedades agrícolas.

Njord fue a vivir entre los Aesir, en su reino celestial de Asgard, como parte de un acuerdo de paz entre los dos grupos enfrentados. Llevó a Frey y a Freya con él.

Njord se confundía a veces con Aegir, otro dios del mar, que tenía una esposa llamada Ran. Puede que Aegir fuera más importante en la mitología nórdica primitiva, pero en la época de los vikingos Njord había eclipsado a Aegir en importancia. Los estudiosos creen que Njord era la masculinización de una diosa de la fertilidad anterior llamada Nerthus (Madre Tierra), y esto puede explicar la historia de que la primera esposa de Njord fue su propia hermana (Nerthus), con la que tuvo a sus hijos Frey y Freya.

En Asgard, Njord vivía en un gran palacio llamado Noatun (que significa "recinto de barcos"), y por una extraña circunstancia se convirtió en el marido de una giganta llamada Skadi. Skadi había llegado a Asgard para vengar la muerte de su padre, Thiassi, que había sido asesinado por los dioses tras secuestrar a la diosa Idunn.

Como reparación por la muerte de su padre, los dioses le ofrecieron a Skadi casarse con uno de ellos. Pero no se le permitió verlos, sino que tuvo que elegir viendo sólo los pies de los dioses. Los pies de uno de los dioses eran excepcionalmente hermosos, y ella lo eligió, asumiendo que era el apuesto Balder, pero en realidad esos pies pertenecían a Njord.

No era una forma auspiciosa de comenzar un matrimonio y, de hecho, los dos no eran del todo compatibles. Según la "Edda prosa (o joven)", Njord adoraba su hogar junto al mar, pero Skadi prefería el dominio de su padre, Thrymheim, en las montañas de Jotunheim (Giantland). Así que inicialmente acordaron que alternarían sus residencias, permaneciendo nueve noches en Thrymheim y luego nueve en Noatun.

Sin embargo, cuando Njord volvió a Noatun de su primer viaje a Thrymheim, dijo que odiaba las montañas, con el sonido de los lobos aullando, y que prefería sus cisnes junto al mar. A Skadi tampoco le gustaba quedarse en Noatun porque, según decía, los gritos de las gaviotas no la dejaban dormir.

Así que, después de un tiempo, Skadi volvió a vivir a las montañas, donde disfrutaba viajando en esquís y cazando con arco y flecha. A partir de entonces, Njord permaneció en el palacio que amaba junto al mar, donde podía gobernar todo lo relacionado con la marinería. "El guante de Njord" era un término poético nórdico para referirse a una esponja.

Preguntas de investigación

1) ¿Quién ha sido el dios o la diosa que más te ha asustado como estudiante de mitología? ¿Por qué?
2) Si una persona normal quisiera convertirse en un dios o una diosa de la mitología nórdica, ¿cómo lo haría?

Tu regalo

Tienes un libro en tus manos.

No es un libro cualquiera, es un libro de Student Press Books. Escribimos sobre héroes negros, mujeres empoderadas, mitología, filosofía, historia y otros temas interesantes.

Ya que has comprado un libro, queremos que tengas otro gratis.

Todo lo que necesita es una dirección de correo electrónico y la posibilidad de suscribirse a nuestro boletín (lo que significa que puede darse de baja en cualquier momento).

¿A qué espera? Suscríbase hoy mismo y reclame su libro gratuito al instante. Todo lo que tiene que hacer es visitar el siguiente enlace e introducir su dirección de correo electrónico. Se le enviará el enlace para descargar la versión en PDF del libro inmediatamente para que pueda leerlo sin conexión en cualquier momento.

Y no te preocupes: no hay trampas ni cargos ocultos; sólo un regalo a la vieja usanza por parte de Student Press Books.

Visite este enlace ahora mismo y suscríbase para recibir un ejemplar gratuito de uno de nuestros libros.

Enlace: https://campsite.bio/studentpressbooks

Libros

Nuestros libros están disponibles en las principales librerías online. Descubra los paquetes digitales de nuestros libros aquí:
https://payhip.com/studentPressBooksES

La serie de libros sobre la historia de la raza negra.

Bienvenido a la serie de libros sobre la historia de la raza negra. Conozca los modelos de conducta de los negros con estas inspiradoras biografías de pioneros de América, África y Europa. Todos sabemos que la Historia de la raza negra es importante, pero puede ser difícil encontrar buenos recursos.

Muchos de nosotros estamos familiarizados con los sospechosos habituales de la cultura popular y los libros de historia, pero estos libros también presentan a héroes y heroínas afroamericanas menos conocidos de todo el mundo cuyas historias merecen ser contadas. Estos libros de biografías te ayudarán a comprender mejor cómo el sufrimiento y las acciones de las personas han dado forma a sus países y comunidades marcando a las futuras generaciones.

Títulos disponibles:

1. 21 líderes afroamericanos inspiradores: Las vidas de grandes triunfadores del siglo XX: Martin Luther King Jr., Malcolm X, Bob Marley y otras personalidades

2. 21 heroínas afroamericanas extraordinarias: Relatos sobre las mujeres de raza negra más relevantes del siglo XX: Daisy Bates, Maya Angelou y otras personalidades

La serie de libros "Empoderamiento femenino".

Bienvenido a la serie de libros Empoderamiento femenino. Descubre los intrépidos modelos femeninos de los tiempos modernos con estas inspiradoras biografías de pioneras de todo el mundo. El empoderamiento femenino es un tema importante que merece más atención de la que recibe. Durante siglos se ha dicho a las mujeres que su lugar está en el hogar, pero esto nunca ha sido cierto para todas las mujeres o incluso para la mayoría de ellas.

Las mujeres siguen estando poco representadas en los libros de historia, y las que llegan a los libros de texto suelen quedar relegadas a unas pocas páginas. Sin embargo, la historia está llena de relatos de mujeres fuertes, inteligentes e independientes que superaron obstáculos y cambiaron el curso de la historia simplemente porque querían vivir su propia vida.

Estos libros biográficos te inspirarán a la vez que te enseñarán valiosas lecciones sobre la perseverancia y la superación de la adversidad. Aprende de estos ejemplos que todo es posible si te esfuerzas lo suficiente.

Títulos disponibles:

1. 21 mujeres sorprendentes: Las vidas de las intrépidas que rompieron barreras y lucharon por la libertad: Angela Davis, Marie Curie, Jane Goodall y otros personajes
2. 21 mujeres inspiradoras: La vida de mujeres valientes e influyentes del siglo XX: Kamala Harris, Madre Teresa y otras personalidades
3. 21 mujeres increíbles: Las inspiradoras vidas de las mujeres artistas del siglo XX: Madonna, Yayoi Kusama y otras personalidades
4. 21 mujeres increíbles: La influyente vida de las valientes mujeres científicas del siglo XX

La serie de libros de Líderes Mundiales.

Bienvenido a la serie de libros de Líderes Mundiales. Descubre los modelos reales y presidenciales del Reino Unido, Estados Unidos y otros países. Con estas biografías inspiradoras de la realeza, los presidentes y los jefes de Estado, conocerás a los valientes que se atrevieron a liderar, incluyendo sus citas, fotos y datos poco comunes.

La gente está fascinada por la historia y la política y por aquellos que la moldearon. Estos libros ofrecen nuevas perspectivas sobre la vida de personajes notables. Esta serie es perfecta para cualquier persona que quiera aprender más sobre los grandes líderes de nuestro mundo; jóvenes lectores ambiciosos y adultos a los que les gusta leer sobre personajes interesante.

Títulos disponibles:

1. Los 11 miembros de la familia real británica : La biografía de la Casa de Windsor: La reina Isabel II y el príncipe Felipe, Harry y Meghan y más
2. Los 46 presidentes de América : Sus historias, logros y legados: De George Washington a Joe Biden
3. Los 46 presidentes de América: Sus historias, logros y legados - Edición ampliada

La serie de libros de Mitología Cautivadora.

Bienvenido a la serie de libros de Mitología Cautivadora. Descubre los dioses y diosas de Egipto y Grecia, las deidades nórdicas y otras criaturas mitológicas.

¿Quiénes son estos antiguos dioses y diosas? ¿Qué sabemos de ellos? ¿Quiénes eran realmente? ¿Por qué se les rendía culto en la antigüedad y de dónde procedían estos dioses?

Estos libros presentan nuevas perspectivas sobre los dioses antiguos que inspirarán a los lectores a considerar su lugar en la sociedad y a aprender sobre la historia. Estos libros de mitología también examinan temas que influyeron en ella, como la religión, la literatura y el arte, a través de un formato atractivo con fotos o ilustraciones llamativas.

Títulos disponibles:

1. El antiguo Egipto: Guía de los misteriosos dioses y diosas egipcios: Amón-Ra, Osiris, Anubis, Horus y más

2. La antigua Grecia: Guía de los dioses, diosas, deidades, titanes y héroes griegos clásicos: Zeus, Poseidón, Apolo y otros
3. Antiguos cuentos nórdicos: Descubriendo a los dioses, diosas y gigantes de los vikingos: Odín, Loki, Thor, Freya y más

La serie de libros de Teoría Simple.

Bienvenido a la serie de libros de Teoría Simple. Descubre la filosofía, las ideas de los antiguos filósofos y otras teorías interesantes. Estos libros presentan las biografías e ideas de los filósofos más comunes de lugares como la antigua Grecia y China.

La filosofía es un tema complejo, y mucha gente tiene dificultades para entender incluso lo más básico. Estos libros están diseñados para ayudarte a aprender más sobre la filosofía y son únicos por su enfoque sencillo. Nunca ha sido tan fácil ni tan divertido comprender mejor la filosofía como con estos libros. Además, cada libro también incluye preguntas para que puedas profundizar en tus propios pensamientos y opiniones.

Títulos disponibles:

1. Filosofía griega: Vidas e ideales de los filósofos de la antigua Grecia: Sócrates, Platón, Protágoras y otros
2. Ética y Moral: Filosofía moral, bioética, retos médicos y otras ideas éticas

La serie de libros Empoderamiento para jóvenes empresarios.

Bienvenido a la serie de libros Empoderamiento para jóvenes empresarios. Nunca es demasiado pronto para que los jóvenes ambiciosos comiencen su carrera. Tanto si eres una persona con mentalidad empresarial que intentas construir tu propio imperio, como si eres un aspirante a empresario que comienza el largo y sinuoso camino, estos libros te inspirarán con las historias de empresarios de éxito.

Conoce sus vidas y sus fracasos y éxitos. Toma el control de tu vida en lugar de simplemente vivirla.

Títulos disponibles:

1. 21 empresarios de éxito: Las vidas de importantes personalidades exitosas del siglo XX: Elon Musk, Steve Jobs y otros
2. 21 emprendedores revolucionarios: La vida de increíbles personalidades del siglo XIX: Henry Ford, Thomas Edison y otros

La serie de libros de Historia fácil.

Bienvenido a la serie de libros de Historia fácil. Explora varios temas históricos desde la edad de piedra hasta los tiempos modernos, además de las ideas y personas influyentes que vivieron a lo largo de los tiempos.

Estos libros son una forma estupenda de entusiasmarse con la historia. Los libros de texto, áridos y aburridos, suelen desanimar a la gente, pero las historias de personas corrientes que marcaron un punto de inflexión en la historia mundial, son muy atrayentes. Estos libros te dan esa oportunidad a la vez que te enseñan información histórica importante.

Títulos disponibles:

1. La Primera Guerra Mundial, sus grandes batallas y las personalidades y fuerzas implicadas
2. La Segunda Guerra Mundial: La historia de la Segunda Guerra Mundial, Hitler, Mussolini, Churchill y otros protagonistas implicados
3. El Holocausto: Los nazis, el auge del antisemitismo, la Noche de los cristales rotos y los campos de concentración de Auschwitz y Bergen-Belsen
4. La Revolución Francesa: El Antiguo Régimen, Napoleón Bonaparte y las guerras revolucionarias francesas, napoleónicas y de la Vendée

Nuestros libros están disponibles en las principales librerías online. Descubra los paquetes digitales de nuestros libros aquí: https://payhip.com/studentPressBooksES

Conclusión

Esperemos que, después de leer este libro, se te abra el apetito por aprender más con todos estos detalles sobre los antiguos dioses nórdicos, sus creencias y tradiciones.

Has llegado al final de esta historia épica. Esperamos que hayas aprendido un par de cosas sobre Odín, Thor y Loki. Si no es así (o si simplemente quieres volver a leerlo), ¡Vuelve a coger este Libro de Cuentos Nórdicos Antiguos alguna vez! Estamos seguros de que todavía hay algo nuevo que descubrir cada vez.

Tenemos muchos más títulos en nuestro catálogo, así que no dejes de consultarlos también.

¿Has leído esta lectura educativa? ¿Qué te ha parecido? ¡Háznoslo saber con una bonita reseña del libro!

Nos encantaría leerte, así que no dejes de escribir una.

Lightning Source UK Ltd.
Milton Keynes UK
UKHW021832021221
394974UK00013B/1160